妈妈的情绪 爸爸的格局

成就孩子一生幸福的关键

MA MA DE
QING XU
BA BA DE GE JU

鲁鹏程 /著

北京理工大学出版社
BEIJING INSTITUTE OF TECHNOLOGY PRESS

版权专有 侵权必究

图书在版编目（CIP）数据

妈妈的情绪，爸爸的格局：成就孩子一生幸福的关键 / 鲁鹏程著. —北京：北京理工大学出版社，2020.1

ISBN 978 – 7 – 5682 – 7678 – 8

Ⅰ.①妈… Ⅱ.①鲁… Ⅲ.①亲子教育 Ⅳ.①G781

中国版本图书馆CIP数据核字（2019）第230455号

出版发行 / 北京理工大学出版社有限责任公司	
社　　址 / 北京市海淀区中关村南大街5号	
邮　　编 / 100081	
电　　话 / （010）68914775（总编室）	
（010）82562903（教材售后服务热线）	
（010）68948351（其他图书服务热线）	
网　　址 / http://www.bitpress.com.cn	
经　　销 / 全国各地新华书店	
印　　刷 / 三河市华骏印务包装有限公司	
开　　本 / 710毫米×1000毫米　1 / 16	
印　　张 / 16.5	责任编辑 / 徐艳君
字　　数 / 192千字	文案编辑 / 徐艳君
版　　次 / 2020年1月第1版　2020年1月第1次印刷	责任校对 / 周瑞红
定　　价 / 39.80元	责任印制 / 施胜娟

图书出现印装质量问题，请拨打售后服务热线，本社负责调换

前言

孩子的未来，
藏在妈妈的情绪和爸爸的格局里

孩子的成长之路，其实是父母的修行之路。孩子要健康成长，必须有一个好的成长环境，而这个好的成长环境并非一座豪华房子那么简单。虽然房子看上去是"实"的，但其所建构的却是一个"虚"环境，这个由"外物"支撑的环境是孩子"安身"的一个地方，对孩子的成长只起到一个辅助性作用，那么孩子成长的"真"环境在哪里呢？其实就在父母这里。在我看来，爸爸妈妈才是孩子最"真实"的"成长环境"，这个环境才是孩子可以"安心"的地方，对孩子的成长起着决定性作用。也就是说，最能影响孩子成长的，是源自爸爸妈妈自身的精神面貌、性格特质、行为方式、生活习惯等所融合而成的一种隐性的内部环境。

这个"真实环境"的营造，需要两大关键因素——妈妈的好情绪和爸爸的大格局。学习过《周易》的人都知道，"乾""坤"两卦是最重要的两部分。"乾卦"中的"天行健，君子以自强不息"，"坤卦"中的"地势坤，君子以厚德载物"，这两句话道出了中华文化的核心。所谓"一阴一阳之谓道"，是极富智慧的，世上任何事阴阳平衡达到和谐，就能发展进步。

在《周易》中，"乾"代表天，讲的是事物从发生到繁荣的过程，在家庭中代表着刚健、自强的父亲形象；"坤"代表地，宽广无边，德行敦厚，孕育万物，在家庭中代表着宽厚包容、慈爱祥和、有承载力的母亲形象。

也就是说，在家庭中同样是存在阴阳乾坤之道的。爸爸是乾，是阳，如天空一样，有胸襟、有能量；妈妈便是坤，是阴，如大地一般，能承载、能孕育。乾坤相宜，阴阳相吸，天地和合；乾坤同一，阴阳平衡，家庭和美。如此，爸爸妈妈就能合力创造一个良好的养育与教育的环境，这个环境就将成为孩子健康成长的关键因素。

妈妈的好情绪、爸爸的大格局的确是一个家庭最"好"（"女"+"男"才组成一个真正的"好"字）的风水，一个家庭拥有好"风水"便是一家人的福气。在有福气的家庭中成长起来的孩子，未来发展无可限量。

先说妈妈的情绪。

情绪，就是人从自身对客观事物所持的态度中产生的主观体验，也就是心情、心境，主要指不愉快的情感。妈妈的情绪对于孩子的成长影响极大。教育孩子最大的障碍就是妈妈的坏情绪，就是妈妈的大吼大叫。童年只有一次，不能重来，而且童年的经历对于孩子的成长非常重要，因为童年是接触世界、认识世界的重要阶段，这个阶段吸收力极强。接触、认识、吸收得好，他就成长得好；反之，他就成长得不好。如果孩子在童年听到的都是妈妈的吼叫，感受到的都是妈妈的坏情绪，那么他童年的色彩可想而知。

所以，妈妈一定要觉知自己的坏情绪，要寻找情绪失控的各种"点"，发现愤怒背后的原因，学着不埋怨、不丧气，温情包容，别让自己的大吼大叫成为孩子童年的阴影。因为吼叫有毒，冲孩子吼叫就是在向他释放"毒素"，会让他不知不觉"中毒"，而随着妈妈吼叫的持续，"毒素"会不断入侵孩子的肌体。孩子天性爱模仿，你如何对待他，他也将如何对待你。你吼他，他也将学会吼你，不仅如此，他还会吼别人。

当孩子也学会吼叫时，他"中毒"已深。甚至，他长大后也会复制"吼叫"，吼向他的孩子。可见，情绪会传染，情绪失控的妈妈往往会教出情绪化的孩子！

所以，妈妈的教育不仅影响孩子的未来，也将影响他所建立的家庭的未来，"妈妈模式"是会传承的，一代又一代，你永远想象不到你给孩子留下的印象会造成多么深远的影响。所以，每一位妈妈都应该对"教育之敌""吼叫之毒"有深刻清醒的认识与反思。对孩子，不要理直气壮，而要理直气平、理直气和，要平和、和平。有理，也要心平气和地说，做到"平"与"和"，才会让孩子从内心里感觉舒服。有理不在声高。

不妨用《周易》中"坤卦"的道理对比现实生活：一个情绪稳定、包容有爱、敦厚朴实的妈妈形象，对孩子的成长最有利。在有这样优秀情绪品质的妈妈的培养下，孩子的精神成长一定非常健康，因为培育他的"土地"是稳固的、可被依靠的。反之，一个动不动就爆发情绪危机的妈妈，带给孩子的则是动荡不安的情绪体验，他会感觉不知所措，毫无安全感，甚至心生恐惧。所以，妈妈要培养女性的温柔与细腻的特质，让自己变得"温柔如水"，要知道，"上善若水，水善利万物而不争"，而且"柔弱胜刚强"。作为女性，一定要修炼自己"柔"的一面，所谓"以柔克刚"，是非常有道理的，因为适合自己的"柔"才是最强大的。

这个道理并不难理解。妈妈就如大地一样承载万物，所以有"大地母亲"的说法。想想看，如果让我们生活在一个地震频发的地方，心灵一定会受到很多突如其来的打击和折磨。而在家庭中，妈妈如果不能很好地掌控情绪，孩子感受到的就是频繁的情绪"地震"。

每一位妈妈都希望孩子成长得优秀，有优秀的品格、良好的意志品质、健康的心理，但是也要时常反思，作为养育他的"土地"，自己有没有为他提供一个特别稳定的、良好的生活环境，这个生活环境不仅包括有形的物质环境，更包括无形的精神环境。

孩子有一个情绪平和的妈妈，就等于拥有了无穷的财富。对于男孩而言，妈妈可以帮他正确认识女性，培养他具备细心、善良、温雅有爱的特质。男孩将从妈妈身上了解异性，学会与异性相处。母子关系影响着男孩未来婚姻的格局。对于女孩而言，妈妈可以帮她建立温柔、贤淑、安静、祥和、内敛、守正的女性自我形象。妈妈的性格、智慧、人生观、世界观、价值观、为人处世态度等，能够塑造女孩的情商，决定女孩的人生高度。

妈妈的情绪影响孩子一生。一个情绪平和的妈妈才能给孩子富足的安全感，因为妈妈的情绪决定家庭氛围，家庭氛围决定孩子的安全感。妈妈要培养自己内在的安全感，并给予孩子深度陪伴。妈妈情绪平和，才能给孩子一个好性格，因为如果妈妈情绪不良，孩子则很难性格平和。而性格又决定命运，所以妈妈要密切自己与孩子的关系，培养孩子积极乐观的生活态度。妈妈拥有好情绪，能有效提升孩子的幸福力，还能培养孩子终身受用的好习惯，更能教会孩子做自己情绪的CEO，给孩子人生最大的成长力……

再说爸爸的格局。

什么是格局？格，就是对认知范围内事物认知的程度；局，就是在认知范围内所做的事情以及事情的结果。从哲学角度看，"格"就是人格，"局"是人的气度、胸怀。简而言之，格局就是一个人的眼光、胸怀、胆识、刚健等心理要素的内在布局。在某种程度上，格局就是布局，而布局决定结局。一个人的格局有多大，他的人生舞台就有多大。

我们都对孩子的未来充满无限期待，期待他能站得更高，看得更远，走得更稳，取得更大成就。怎样才能实现这个期待呢？就要看爸爸的格局了。如果爸爸有格局，其眼界、胸襟、胆识就会很广大，所认识的世界就越广，对事物的发展也会有深刻精准的认知，其思想也会更深邃，而思想又会指导行动，认准目标、勇往直前、义无反顾，人生必有所成就。爸爸的大格局会带给孩子正确的人生方向、精准的人生布局，孩子也会拥有大格局，自然会有好成长、好发展、好未来与好人生，因为"青出于蓝而胜于蓝"。"谋大事者，首重格局"，所以，好爸爸就是要有大格局，这是给自己也是给孩子的最好投资。

孩子有一个格局广大的爸爸，就等于拥有了无尽的宝藏。对于男孩而言，爸爸可以帮他建立对男子汉的正确认知，培养他的男子气概。他将从爸爸身上学到如何成为一个男人，学会以正确的态度对待异性、家庭，并具备格局、勇气、耐力、韧性、果敢、刚强、责任感等特质。对于女孩而言，爸爸可以帮她正确认识男性，并为她建立起足够的安全感。她将从爸爸这里学会与异性正确相处，保护自己，正确认识自我，学到独立、冷静、客观、坚强、敢于担当、理性思考等特质。父女关系也是女儿婚姻的模板。

爸爸的格局决定孩子的未来。一个格局广大的爸爸会有足够的思想高度，这会决定孩子的人生高度。爸爸有大格局，就带给孩子正确的价值观，教他辨别是非，引导他明白"物有本末，事有终始"的道理，这是对孩子心灵的最好滋养；爸爸格局广大，就会给孩子一个"国际视界"，大视野、大见识以及长远的眼光会让他放眼未来；爸爸拥有大格局，就会锻造孩子的抗挫力，让他能量满满，也会拓宽孩子的胸怀，让他拥有海纳百川的境界，还会培养孩子的担当精神，更会激发孩子的潜能，给他一个自信人生……

妈妈有好情绪，爸爸有大格局，孩子才有好未来。

妈妈的好情绪，可以让家庭的磁场、夫妻关系、孩子的情绪都变得更加稳定，而且平和讲理的妈妈对于孩子的教育效果要比情绪暴躁、大吼大叫强太多倍。好情绪让妈妈不仅不会失去什么，反而获得太多，自己、孩子、爱人、家庭都受益了，这着实值得庆贺。

爸爸的大格局，可以为家庭、夫妻关系、孩子考虑得更多更长远，这有助于维系家庭的长久发展，还能帮助整个家庭发展得越来越好。大格局不仅让爸爸自身受益，全家人也将跟着一起具备大格局。一个拥有大格局的家庭，未来的发展自然值得期待。

所以说，拥有好情绪的妈妈、拥有大格局的爸爸，是一个家庭和睦且具有可持续性发展的重要条件。悟到这些，并能在生活中真正做到，可谓是父母的一场修行。宗圣曾子说："士不可不弘毅也，任重而道远。"天下父母，又何尝不是如此？你要相信，孩子的未来，其实就藏在妈妈的情绪里，就藏在爸爸的格局里。为人父母，又怎能不好好修行？

十年树木，百年树人，教育是用生命来影响生命，不能急于求成。而我们跟孩子也是一个"命运共同体"，我们只有不断进行自我教育，自我成长，掌控情绪，提升格局，才能给孩子最好的引领、影响和培养……

祝福您，祝福您的孩子！也祝您开卷有方，实践有益！

鲁鹏程

目录

 绪论篇 爸爸妈妈是孩子最真实的"成长环境"

|第一章| 孩子的成长,父母的修行——好爸爸好妈妈教出好孩子 / 2

爸爸妈妈是孩子最真实的"成长环境" / 2

如何做个好爸爸好妈妈?——没有完美的父母,只有不断成长的父母 / 6

合力教育——爸爸妈妈亲密配合,教出优秀的孩子 / 9

妈妈的好情绪,爸爸的大格局——孩子健康成长的关键因素 / 13

 妈妈篇 妈妈的情绪影响孩子的一生

|第二章| 妈妈的情绪影响孩子的一生——好妈妈就是要有好情绪 / 18

坏情绪有毒,不要让孩子的童年只记住你的大吼大叫 / 18

觉知坏情绪——别再去"冰冻"你的孩子 / 21

寻找情绪失控的各种"点"——妈妈愤怒背后的原因 / 24

不埋怨、不丧气,用笑脸和语言去温情包容 / 28

学会掌控情绪——妈妈要培养女性温柔与细腻的特质 / 31

|第三章| 给孩子富足的安全感——安全感满满的孩子幸福多多 / 35

妈妈的情绪决定家庭氛围,家庭氛围决定孩子的安全感 / 35

给孩子安全感的前提——培养自己内在的安全感 / 38

深度陪伴——高质量的陪伴让孩子的安全感"爆棚" / 41

培养孩子的自我认同感——从低自尊到高自尊的转变 / 44

与孩子做最好的联结——母子（女）心连心，给足孩子安全感 / 50

|第四章| 让孩子拥有一个好性格——三分靠天性，七分靠养成 / 53

妈妈如果情绪不良，孩子则很难性格平和 / 53

性格决定命运，想孩子有好命运，就要让他播下好思想 / 56

培养孩子的好性格，请给孩子一个合理的期待 / 60

密切自己与孩子的关系，也鼓励他积极地与人交往 / 63

培养孩子积极乐观的生活态度，不悲观、不消极 / 66

|第五章| 提升孩子的幸福力——引领孩子踏上幸福的人生 / 69

想成为幸福的人？但愿你首先学会吃得起苦 / 69

不学礼，无以立——教孩子从小就知礼、学礼、行礼 / 72

教孩子学会自我管理——孩子自觉你省心 / 75

福田心耕——教孩子种好自己的福田，懂得惜福、培福 / 78

拥抱幸福——让孩子对生命充满无限尊重和敬畏 / 82

|第六章| 培养孩子的好习惯——教育就是培养终身受用的好习惯 / 86

孝亲尊师——孩子必备的做人与处世的根本好习惯 / 86

改过迁善——让孩子"德日进，过日少；日日新，又日新" / 92

阅读——增加孩子的人文底蕴，提升孩子的科学精神 / 94

自主学习——教孩子学会自动自发地学习，打造他的核心竞争力 / 97

实践创新——培养孩子主动思考、勇实践、乐创新的好习惯 / 100

| 第七章 | 刻意训练孩子的自控力——教孩子学做自己情绪的CEO / 104

　　妈妈不要让不良情绪掌控自己和孩子的生活 / 104
　　容易对孩子产生不良影响的7种负面情绪 / 106
　　面对孩子的负面情绪，妈妈应该站在孩子的角度认同并接纳 / 110
　　情绪属于自己——教孩子懂得为自己的情绪负责 / 112
　　刻意练习——让孩子走出坏情绪旋涡的各种训练法 / 115

| 第八章 | 勇于放手，教孩子学会独立——给孩子人生最大的成长力 / 119

　　不包办代替——好妈妈有时是个"懒"妈妈 / 119
　　敢于把孩子"推出门"，严防对孩子的保护过度 / 122
　　热爱劳动——教孩子学会打理自己的生活 / 126
　　天道酬勤，勤能补拙——重视培养孩子的生存能力 / 130
　　培养孩子的主见，不让他做"怎么办先生" / 134

 爸爸篇　爸爸的格局决定孩子的未来

| 第九章 | 爸爸的格局决定孩子的未来——好爸爸就是要有大格局 / 140

　　爸爸的格局，到底会带给孩子什么样的影响？ / 140
　　爸爸的思想高度，决定了孩子的人生高度 / 143
　　爸爸有格局，对孩子的爱与管教才能真正发挥作用 / 146
　　敢于梦想——鼓励孩子思考未来，教他从小就做人生规划 / 148
　　"三力"教育——培养孩子的预见力、判断力与行动力 / 151

|第十章| 培养孩子正确的价值观——价值观对孩子是最好的滋养 / 156

反思的智慧准则——行有不得者，皆反求诸己 / 156
明天的成就源自今天的努力——有因有果，由果推因 / 159
给孩子一颗感恩的心，教他学会感谢一切人、事、物 / 162
物有本末，事有终始，知所先后，则近道矣 / 165
教孩子学会明辨是非，面对各种诱惑有免疫力 / 168

|第十一章| 给孩子一个大视野——见识与眼光让孩子走得更远 / 171

经常跟孩子讨论时事，给孩子一个"国际视界" / 171
多抽点时间，跟孩子一起读书学习，并讨论相关问题 / 174
经常带孩子到外面走一走，开阔他的视野范围 / 176
专注一处，心无旁骛——让孩子不受外界干扰的法则 / 179
永远在精进中——教孩子成为一个很厉害的人 / 181

|第十二章| 锻造孩子的抗挫力——让意志力给孩子满满的能量 / 184

爸爸要有对孩子进行挫折教育的意识 / 184
成功一定有方法——教孩子掌握应对挫折的各种方法 / 187
善于激励孩子，给他战胜挫折的力量 / 190
当孩子遇到困难和问题时——教孩子应对常见的挫折 / 193
让孩子体验成功——挫折教育不能让他一直受挫 / 197

|第十三章| 拓宽孩子的胸怀——让孩子拥有海纳百川的境界与舞台 / 200

宽容犯错误的孩子，给孩子做包容非纵容的好榜样 / 200

不在孩子面前论人长短,营造宽容的家庭环境 / 203

引导孩子包容他人的缺点,教他学会理解、善待他人 / 206

换位思考——为他人着想是天下第一等的学问 / 208

带孩子经常亲近大自然,让他的心胸变得更开阔 / 211

第十四章 让孩子有责任担当——勇于承担,铸就孩子的好未来 / 215

好爸爸应尽职尽责敢担当,做孩子心中的大英雄 / 215

孩子敢于承担责任,这才是他真正成长的开始 / 217

宁为成功找方法,不为失败找借口——孩子要为自己的言行负责 / 221

正己方能化人,正己而不求于人,则无怨 / 224

全方位培养孩子高度的责任感,责任铸就孩子的未来 / 227

第十五章 给孩子一个自信人生——自信是孩子终身受用的资本 / 230

好形象价值百万——帮助孩子建立良好的外在形象 / 230

提升孩子的自我认同感,激发他的自信潜能 / 233

对孩子的点滴进步进行及时适度的肯定、鼓励与表扬 / 236

善于发现并放大孩子的优点,不随便否定孩子 / 238

财商教育——培养孩子的创富力,传授保富的秘诀 / 241

绪论篇

爸爸妈妈是孩子最真实的"成长环境"

　　成长，理应是孩子自己的事，但是让孩子在怎样的环境中成长，却是爸爸妈妈应该考虑的事，我们需要为孩子创设一个良好的成长环境。

　　事实上，任何可以用外物构造、创设的环境，若要真正构建起来并不难，只要足够精心，只要有一定的"资本"，都可以创造得出来。但孩子成长所需要的环境却不只是拥有这些外物就足够了，或者说外物所构造的环境起到的只是一定的辅助作用，最能影响孩子成长的，是源自爸爸妈妈自身的精神面貌、性格特质、行为方式、生活习惯等所融合而成的一种隐性的内部环境。

　　看待事物不能只看表象而要多看内里，孩子成长的外部环境就是一种表象，所以要更多地关注家庭的内部环境状态，因为爸爸妈妈才是孩子最真实的"成长环境"。

第一章

孩子的成长，父母的修行
——好爸爸好妈妈教出好孩子

养一盆花，精心呵护，善心对待，花自是能叶绿花盛，以芬芳及赏心悦目来回报人，令人内心愉悦。同样道理，陪伴孩子成长的过程就像养花。养花之人只有懂得养花，心怀善念，才会以更好的方式方法去对待花。所以，孩子成长的过程，也是我们提升自我修养的过程，简而言之就是"孩子的成长，即是父母的修行"。越是不断修行的父母，越懂得养的过程，越能理解孩子的成长，越能读懂孩子的需要，当然也就越能教出优秀的孩子。

爸爸妈妈是孩子最真实的"成长环境"

很多人口中所说的"好好教育孩子"，是把"教育"当成了一种主动而为之的行为，这时人们的心理多半都是"我有责任对我的孩子进行各种形式和内容的指导、批评，并纠正他的各种错误，帮助他向好发展……"

诚然，发自内心主动地去表达教育的意愿，当然是可以引起孩子的注意的。比如，有的妈妈会反复提醒孩子"过路口的时候要注意看车，注意看红绿灯",孩子能记住吗?有的孩子是可以记住的,妈妈的反复强调会促使他形成一种机械记忆,妈妈口中的"注意",可能会让他在遇到相应情况的时候调动记忆,从而做到真的注意。

但是,这种情况显然并不具有绝对性,"有的"孩子可以记住,势必"有的"孩子就记不住。为什么?因为这种反复的主动强调,从某种意义来说,是一种强硬的灌输。孩子"被要求"做到妈妈的提醒或嘱咐,但容易忘事的孩子在某些情况下,比如说想玩的意愿太过强烈时,就会忘记妈妈的嘱咐,因而一旦再过路口时,妈妈就不得不去反复提醒孩子再次注意,甚至还有的孩子就因为一时的忘记而后悔莫及。

相反,有的妈妈并不采取这种主动强硬的灌输方式,她会自己先做到,过路口的时候很认真地四下看车,规矩地按照红绿灯的指示前行或停止。同时,在自己做出这些行为的时候,会给孩子解释这样做的原因及意义。孩子在妈妈行为的引导下经历过几次之后,就自然地形成了一种模仿模式,也就知道该怎么做了。如此一来,孩子逐渐养成了习惯,一到路口,头脑中自然形成的一种条件反射就会发动,会自然地关注车辆、红绿灯,从而有效避免意外状况的发生。

两相比较,前一种妈妈可能会操更多的心,反复强调,还要反复关注,生怕孩子记不住;后一种妈妈却可以做到内心轻松自然,因为源于妈妈自身的影响让孩子已经自内心深处养成了正确的行为习惯。

当然,这并不是在强调主动教育是错误的。实际上,有主动教育的意识是值得肯定的,只不过还要意识到一点,教育孩子其实是有更好的方法的,既然有可以让自己轻松同时孩子也能从中受益的好方法,我们又何必自寻烦恼让自己和孩子都因为教育问题而变得焦虑起来呢?

至于说那个好方法,显而易见,自然就是我们自身的良好表现。

《世说新语·德行第一》中讲了这样两个小故事:

第一个小故事：

竹林七贤之一的王戎，其父王浑官至凉州刺史，因自身颇有德行而素有美名。王浑去世后，凉州部下官吏都怀念他的德行恩惠，相继凑了几百万钱做丧葬费，王戎却一概不取。

第二个小故事：

东晋名士谢安的夫人经常对子女开展教育，她问谢安："怎么从来不见你教导儿子呢？"谢安却说："我自是也经常教育的，我用自己的言行来教育孩子。"

王戎为什么能做到面对几百万钱而一概拒收？当然是因为父亲王浑素有德行，其德行早已深入王戎的内心，他当然也不会让自己的言行辱没父亲德行的美名。这便是父母自身的德行对孩子成长的影响。

而谢安显然是悟到了教育的真谛，那就是自身的言行才是对孩子最直接的教育，他努力做好自己，孩子自然也会因此而受到启发。

由此可知，教育孩子的前提是给孩子做好榜样，以身示范，营造出良好的家庭氛围，而不只是说教，因为"言教者讼，身教者从"。

战国时的韩非子也写过一篇教育故事，名为《曾子杀彘》。

一天，曾参的妻子要到集市上去，可是儿子哭闹不止也要跟着去。为了让儿子听话，曾妻就哄儿子说："乖儿子，不要哭了。你要是听话，娘从集市回来就给你杀猪炖肉吃。"儿子听说有肉吃，果然马上不哭了，乖乖待在家里等着娘回来。

曾妻从集市上回来，只见曾参拿着绳子正在捆绑猪，旁边还放着一把明晃晃的尖刀，他正准备杀猪呢！曾妻一见就慌了，急忙制止曾参说："我刚才是为了哄孩子才这样说的，并不是真的要杀猪啊！你怎么还当真了呢？"

曾参语重心长地对妻子说："你要知道孩子是不能欺骗的。孩子尚且幼小，什么都不懂，只会学着父母的样子做事，听父母的教诲。今天你若骗了孩子，就等于让他学会了说谎和骗人。再说，今天你若欺骗孩子，孩子就会觉得母亲的话是不可信的，以后你再教育他，他也不会相信了，这样对孩子的教育就变得困难了。你说，这猪是不是该杀呀？"

听了丈夫的一席话，曾妻后悔自己不该用假话哄骗儿子，可是既然自己已经说了要给孩子杀猪炖肉吃，就要说到做到，取信于孩子。于是，她也挽起袖子和丈夫一起磨刀杀猪，并为儿子炖了一锅肉。儿子一边高兴地吃肉，一边向父母投去了信任的目光。

曾子花如此大的代价，为了什么？正是为了教子，要知道，"婴儿非与戏耳。婴儿非有知也，待父母而学者也，听父母之教"，父母的言传身教正是教育的根本。

可见早在几千年前，古人就已经意识到教育孩子不只是说教，最重要的是自己的所作所为，会影响到后世子孙。

颜之推在《颜氏家训·治家》中说："夫风化者，自上而行于下者也，自先而施于后者也。是以父不慈则子不孝，兄不友则弟不恭，夫不义则妇不顺矣。"司马光的《居家杂仪》指出："凡为家长，必谨守礼法，以御群子弟及家众。"李昌龄《乐善录》云："为父为师之道者无他，惟严与正而已。"这些说的就是家长的以身作则、示范带动作用。只有家长做到正身率下，公正不偏，才能使孩子健康成长，家人和睦融洽，家庭秩序井然。

还有很多耳熟能详的俗语，像"龙生龙，凤生凤，老鼠的儿子会打洞""老子英雄儿好汉""将门出虎子"，这些其实都是在说同一个意思，那就是身为父母，自身的德行思想、言谈举止，以及所营造出来的家庭生活环境，会对孩子的成长造成极为深刻的影响。

对于每个人来说，家庭都是一个特殊的存在，对于孩子来说更是如此，可以说孩子对这世界最初的认知，对生活最初的感受，为人处世最初的经历，都是在家庭中完成的。就如植物生长，在绝大多数的情况下，好的肥料土壤，会让种子感受最为合适的生发环境，再加上适当的照料，它自会茁壮成长。我们的家庭，就是在为孩子这颗未来可期的种子创造一块良好的成长土壤，这块土壤肥沃了，孩子的成长从最开始就可以打下一个良好的根基。

正所谓"养鱼重在养水，养树重在养根，养人重在养心"，同样的道理，要想把孩子培养好，就要想办法把他生长的环境营造好。家庭是一个外在的"物质化"环境，而对孩子真正起到教育意义的其实是这个外在环境的"灵魂"——那个由好爸爸、好妈妈的精神面貌、性格特质、行为方式、生活习惯等所融合而成的内在的"精神化"环境。

所以说，爸爸妈妈才是孩子最真实的"成长环境"。古人讲，"见一叶而知深秋，窥一斑而见全豹"，见父母便知孩童，观小儿可晓家庭。身为父母，我们是不是也应该把关注的视线先重点放在自己身上才好呢？这是一个值得所有父母深刻思考的问题。

如何做个好爸爸好妈妈？
——没有完美的父母，只有不断成长的父母

若想对孩子进行良好的教育，我们自己需要先好好"修炼"，能够有这样的想法，其实已经意味着我们正在向好父母的方向发展。

那么如何做一个好爸爸、好妈妈呢？这是一个非常强烈的期待，同时却也是一个很模糊的期待。因为，"好父母"的标准可能会因人而异，不同的人对于好父母的看法是不一样的。

比如，有人觉得，对孩子温柔相待、和颜悦色、以爱为主才是好父母；也有人认为，对孩子不呵斥、不吼叫、不批评、不惩罚，多理解、多肯定、多鼓励、多夸奖，这才是好父母；还有人认为，对孩子严厉管教、少夸奖、多指错，该惩罚的时候不能手软，这才称得上好父母；也有的人更极端一些，他期待自己成为"完美"的父母，并为此不遗余力。

不同的标准会让不同的人向着不同的方向努力，但最终结果却不一定是你所期望的，这就让有些父母显得迷茫。其实是不是好父母，还是要从孩子身上去找答案。如果孩子有孝心、懂感恩、知书达礼、谦虚诚信、为人和善……那么你的教导方向就是正确的，至少意味着你是在向好父母的路上大步前进；但如果孩子问题连连，就应该好好想一想了。在教育这件事上，你永远不能凭借自己的感觉来认知自己是不是好父母，只有孩子才能给你明确的答案。

如此来看，要成为好父母，并不是那么简单地表现一两次就可以了，当然也不能一蹴而就，需要时间和时空的检验。

我们要让自己在跟上孩子成长脚步的同时，不断地进行自我修行，从而让自己能有影响孩子的足够能量，并能让他从中获益。

那么问题又来了，要怎样成长呢？已经是成年人的我们，怎样做才是成长呢？不妨尝试以下三点内容。

第一点，承认自己的不足，但不用刻意追求完美。

对于普通人来说，完美是一个可以无限接近但也几乎不可能到达的目标。所以，不能实现完美才是绝大多数人的常态。每个人都可能有各种各样的、或大或小的问题，也可能会在某些方面表现得非常好。

所以，若想有成长，首先要意识到自身存在不足。这种意识应该是一种对自我很客观的看待，就是我们要知道自己的确是不完美的，而这种不完美本身就是一种正常的状态，不需要感到多么惭愧，也不需要为此过分激励自我。

有的父母知道自己的不完美，就会觉得很对不起孩子，在对待孩子时就会下意识地有这样的带着哀求和过度期待的表达，"爸爸妈妈是没本事了，就看你了"；有的父母明知道自己平凡，但并不服输，非要让自己在短时间内有很大提升，结果无法实现自我目标，就变得更为暴躁，连带对孩子都会充满戾气，一张嘴可能就是："你怎么还不努力？难道要像我一样没出息吗？"到头来，不管是哀求还是暴戾，给孩子带去的都只能是失望，孩子从父母这里无法获得他成长所需要的养分，他只能自己摸索，或者从其他人那里去获取未知的能量，想想看，这样的未来其实才是可怕的，不是吗？

其实，这个世界上没有完美的父母，只有不断成长的父母。同样的道理，这个世界上没有完美的孩子，只有不断成长的孩子。

第二点，凡是对孩子期待的，都应该先省察自身。

不断向着好父母方向成长的人，都有一个很明显的特质：凡是要求孩子的事情，他都会先在自己身上省察一番，看自己是否已经做到，是否就是如此表现的。如果并非如此，他要么自己先努力一番，要么就干脆和孩子一道努力，彼此监督，共同进步。

在这样的人身上，始终都会有一种很正的气场，同时也具有一种新鲜的活力。做父母的对孩子的要求一般都是正向的，简单的比如懂礼貌、能自理，复杂的比如会动脑筋、有原则。能对自身有要求的人，一般都能有好的表现，而不断地努力和改变也都是向好发展的，自然会给孩子带去一种"爸爸妈妈都这么上进，我也要和他们一样"的想法。

虽然省察自身是重要的，但有些该说的话我们也不要吝啬言语。孩子有时候会有惰性，有时候也会模仿他人偷懒，我们自己做好了只是做到了教育的一半，另一半就是我们还要去合理地要求孩子、提醒孩子、约束孩子。

第三点，可急但不可躁，先安抚自己再思考问题。

微博上曾有一个热门话题——辅导孩子做作业是渡劫吗？发表内容的无一不是因为辅导孩子做作业而着急上火的父母，尤其是在拼音、加减算术、英文字母读音拼写等作业上，孩子一出错，父母就血压飙升。

事实上父母在这种状态下，任何"教育"都是无效的，不管是辅导作业，还是别的什么事情，这种动不动就火冒三丈、先把自己逼迫到了爆发边缘的状态，除了给彼此带来伤害，其他任何好作用都没有。

遇到不好的事情会着急，这是人正常的情绪反应，但是着急并不意味着一定要躁动不安甚至暴躁不堪、恼羞成怒、无法自控。尽管这种说法在很多人看来就是一种"道理我都懂"的表达方式，但我们最好还是把这种自我安抚的方法多运用几遍，在最快的时间里，确定自己急的原因，并使自己平静下来，然后去思考怎么解决问题。孩子此时最需要能解决问题的有效指导，而非承受因那些问题而产生的来自父母的抱怨。

若要找到解决方案，自然是越平静才能越有理性，越有智慧；自然是思绪越集中，才能想得越周到、越彻底。孩子和我们都需要这样的状态。

合力教育
——爸爸妈妈亲密配合，教出优秀的孩子

怎样的教育才能算对孩子有益的教育？怎样才能教出令我们自己满意的孩子呢？

在这样的问题上，不同的人有着不同的看法。比如有一位妈妈认为，

"孩子的爸爸主抓养家，我主抓孩子的教育，我全身心投入，就是为了给孩子最好的教育"；又比如一位爸爸则是这样说的，"谁有空儿谁就教育，谁对就听谁的"；还比如一位妈妈干脆直接地表示，"我们忙，家里有老人看着，学校有老师管着，这就够了"……

教育孩子哪里就是这么容易的事情？只靠妈妈一个人、"随机"分配教育者以及将自己的教育责任完全"外包"出去，都不是教育的良方。当然我们不否认有人的确凭借自己一个人的力量培养出了好孩子，但是相对一般情况来说，家庭教育并不能只靠爸爸或只靠妈妈就可以完成，良好的家庭教育应该是一种合力教育，爸爸妈妈亲密配合，相得益彰，这样才能让孩子获得最合适的教育。

那么，什么才是合力教育？是每个人都在教育中发力就够了吗？事实并非如此。

举个例子，有个上小学的孩子平时在家经历的教育是这样的：

关于学习，妈妈认为，必须多关注教材、课堂笔记，以及勤做题才可以，不能看太多课外书；爸爸则认为，多开阔眼界，不能只拘泥于书本，看得书越多越好。

关于锻炼，妈妈认为，上学路上跑跑跳跳再加上学校的体育课足够了，不需要多浪费时间；爸爸则觉得，还是要每天拿出一定的时间进行锻炼才能保证身体健康。

关于玩耍，妈妈反复强调，已经上学了就不可以太贪玩，以后有的是时间玩耍；爸爸则持另一种意见，该学的时候认真学，该玩儿的时候也要开心玩儿，要劳逸结合才行。

如果单独拿出任何一个人的意见来看，出发点都是没有问题的，而且也都在教育中发了力，表达得也都算是有道理的，可是对于孩子来说，他却会陷入"不知道该听谁"的困境中。因为没有统一的标准，没有相互辅助的教育方式，孩子不知道自己该怎么做，爸爸妈妈也很容易因为观念不合而产生分歧。

所以，要好好分析一下合力教育这件事。

第一，合力教育需要双方都出力。

合力，当然是要父母双方都出力，这是合力教育的一个最基本的前提。爸爸和妈妈代表着两个完全不同的性别、思想、习惯、态度、性格的人，在教育方面会有不同角度的考量、认知、选择、结论。正是因为不同，所以才需要统合。

仅从性别角度来看，爸爸妈妈对孩子的影响就是完全不同的。

爸爸妈妈对男孩女孩的不同影响

执行者	对男孩	对女孩
爸爸	帮助男孩建立对男子汉的正确认知，培养他的男子气概。男孩将从爸爸身上学到如何成为一个男人，学会以正确的态度对待异性、家庭，并具备格局、勇气、耐力、韧性、果敢、刚强、责任感等一系列特质	帮助女孩正确认识男性，并为她建立起足够的安全感。女孩将从爸爸这里学会与异性正确相处、保护自己、正确认识自我，学到独立、冷静、客观、坚强、敢于担当、理性思考等一系列特质。父女关系也是女儿婚姻的模板
妈妈	帮助男孩正确认识女性，培养他具备细心、善良、温雅有爱的特质。男孩将从妈妈身上了解异性与自己的不同，学会与异性相处。母子关系影响着男孩未来婚姻的格局	帮助女孩建立温柔、贤淑、安静、祥和、内敛、守正的女性自我形象。妈妈的性格、智慧、人生观、世界观、价值观、为人处世态度等，能够塑造女孩的情商，决定女孩的人生高度

由此可见，爸爸给予孩子的某些东西，是妈妈所不具备的，而妈妈对孩子的感染力量，又是爸爸无法实现的。所以我们才需要在教育过程中实现合力，给予孩子更多方面的教育，让他能真正感受到爸爸妈妈对他的关

心与影响。

第二，一定要建立一个统一的教育标准。

如果说爸爸妈妈都要出力是合力教育的基础，那么建立统一的教育标准就是合力教育的关键所在。合力教育需要爸爸妈妈拧成一股绳，但很多家庭中，爸爸妈妈却仿佛在把一条已经拧好股的绳子重新拆分开，南辕北辙，教育怎么可能会有效果？

教育不仅要出力，还要有智慧、有原则地出力才行，所以建立统一的教育标准非常有必要。它包括明确教育内容，明确孩子的发展方向，明确孩子的优势在哪里，缺点是什么，以及需要怎样弥补，明确教育双方要遵循怎样的一系列教育原则，等等。

可以坐下来好好讨论这些内容，提出自己观点的同时，也听听对方的意见。不管怎么说，都一定要围绕孩子本身的特点来讨论，然后在原则上实现统一。

第三，合力的"合"可以是互补，也可以是巩固。

合力的教育，可以如榫卯结构一般，利用互补的方式来使得教育完整；也可以像拔河一样，将两人的力量集合在一起，对教育内容进行巩固。

说到互补，爸爸妈妈应该意识到对方在教育过程中可能会存在的想不到、没做好的地方，然后有意识地去补充。但是这个补充并不能以贬低对方或者指责对方的方式来进行，爸爸妈妈彼此要互相维护，不仅维护对方的自尊，也要维护对方在孩子面前的权威，尤其是在孩子面前，更要让他看到爸爸妈妈对彼此的爱护。

至于说巩固，则是要求爸爸妈妈一定要看得到对方的努力与付出，而且也要有把这个正确的教育延续下去的意识，不能说"反正他（她）已经教育了，我就不用多费心了"。爸爸妈妈做出同样的努力，这会给孩子一个提示——"不管是爸爸还是妈妈,都这么努力教育我,我一定不辜负他们的期望"。

妈妈的好情绪,爸爸的大格局
——孩子健康成长的关键因素

天下每一位父母都希望孩子能够健康成长,这需要两大关键因素——妈妈要有好情绪,爸爸要有大格局。

学习过《周易》的人都知道,"乾""坤"两卦是最重要的两部分。"乾卦"中的"天行健,君子以自强不息","坤卦"中的"地势坤,君子以厚德载物",这两句话道出了中华文化的核心。所谓"一阴一阳之谓道",是极富智慧的,世上任何事情阴阳平衡达到和谐,就能促进发展进步。

在《周易》中,"乾"代表天,讲的是事物从发生到繁荣的过程;在家庭中代表着刚健、自强的父亲形象;"坤"代表地,宽广无边,德行敦厚,孕育、承载万物,在家庭中代表着宽厚、包容、慈爱、祥和、有承载力的母亲形象。

也就是说,在家庭中同样是存在阴阳乾坤之道的。爸爸是乾,是阳,妈妈便是坤,是阴。乾坤同一,阴阳和谐,家庭就会变得和睦,而和睦的家庭势必可以创造一个良好的养育与教育的环境,这个环境就将成为孩子健康成长的关键因素。

先来关注一下妈妈的情绪。

对于一个家庭来说,谁的情绪最为重要呢?有人说是孩子的情绪,其实并不是这样的。如果仔细观察,你会发现,孩子才是家里那个最会察言观色的人,他会根据家人,尤其是妈妈的情绪而调整自己的情绪。

比如妈妈很开心，那孩子一定也很开心，甚至会尝试放纵一下，这时的他会非常放松，越是年龄小的孩子，像幼儿园时期的孩子，对于妈妈情绪的感应及"随之应对"的表现越明显。而相对应地，如果妈妈不开心了，那么孩子也会变得小心翼翼，说话也要多想想看，他会开始观察妈妈的表情，并尽量减少自己在妈妈面前出现的次数，如果妈妈问话，他也会表现得很积极，用一句话来说就是"一切都要看妈妈脸色行事"。

对于爸爸来说，如果妈妈的情绪很好，爸爸的玩笑可以开下去，不经意的小错误，包括说错话、办错事，也会被妈妈无视掉；相反，一旦妈妈情绪不在线，那么爸爸就有可能成为妈妈首要的开火对象。妈妈会因为各种小事而跟爸爸闹一闹，也会在爸爸说错话、办错事的时候将小事化大，当然同时如果孩子也在她眼前"飘"过去了，那么孩子也同样会被殃及。若爸爸是个脾性好的人，妈妈的情绪也许发作一下就过去了，可如果爸爸也同样脾气暴躁，那家庭战争真是一触即发。

从这里我们就可以看出来了，妈妈的情绪才是左右全家情绪的关键所在，或者说妈妈情绪的好坏决定着家庭是否能和睦温馨。

用《周易》中"坤卦"的道理对比现实生活：一个情绪稳定、包容有爱、敦厚朴实的妈妈形象，对孩子的成长最有利。在有这样优秀情绪品质的妈妈的培养下，孩子的精神成长一定非常健康，因为培育他的"土地"是稳固的、可被依靠的。反之，一个动不动就爆发情绪危机的妈妈，带给孩子的则是动荡不安的情绪体验，他会感觉不知所措，毫无安全感，甚至心生恐惧。

这个道理并不难理解。妈妈就如大地一样承载万物，所以有"大地母亲"的说法。想想看，如果让我们生活在一个地震频发的地方，心灵一定会受到很多突如其来的打击和折磨。而在家庭中，妈妈如果不能很好地掌控情绪，孩子感受到的就是情绪的"地震"。

每一位妈妈都希望孩子成长得优秀，有优秀的品格、良好的意志品质、健康的心理，但是也要时常反思，作为养育他的"土地"，自己有没有为他提供一个特别稳定的、良好的生活环境，这个生活环境不仅包括有形的物质环境，也包括无形的精神环境。

悟到这些，并能在生活中真正做到这些，可谓是妈妈的一场修行。

所以作为妈妈来说，认识自己的情绪、学会管理情绪至关重要；而作为爸爸来说，需要了解女性情绪变化的原因，理解女性心理，以包容心态去面对女性，同步进行。

再来关注一下爸爸的格局。

所谓格局，"格"是对认知范围内事物的认知程度，"局"则是认知范围内所做的事情以及事情的结果。从哲学角度来看，"格"指的是人格，而"局"则指的是人的气度、胸怀。简而言之，格局就是一个人的眼光、胸怀、胆识、刚健等心理因素的内在布局。在某种程度上，格局就是布局，而布局决定结局。一个人的格局有多大，他的人生舞台就有多大。

一个人的格局大小，与他的勇气胆量、头脑智慧、眼光见识、良善爱心、责任担当以及个人使命感都有着紧密联系，这就给了爸爸很好的提示，培养自己具备良好的格局。

爸爸的格局大小、高低，决定着他的思想、能力发展的深浅与高低。如果爸爸有大格局，为人正直高尚，能包容，重要的是对事情看得远，那么他的眼界就会非常宽，并不会为眼前小事斤斤计较。在很多家庭中，爸爸是顶梁柱一般的存在，有大格局的爸爸，可以为家庭、夫妻关系、孩子考虑得更多、更长远，这有助于维系家庭的长久发展，还能帮助整个家庭发展得越来越好。

爸爸的格局大，妈妈就会有主心骨，哪怕再坚强，再有所谓"自我能力"的女性，也会有想寻求依靠的意愿。爸爸的大格局会让妈妈感觉心安，不管遇到什么事，妈妈都有依靠，有可以寻求帮助和诉求情绪的对象，这也有助于培养妈妈的定力。同时，拥有大格局的爸爸也可以为妈妈"支招"，让妈妈在应对自己的事业、生活以及为人处世方面，逐渐拓展自己的格局，提升自身的容量，从而"海纳百川"。

爸爸的大格局对于孩子更是有重要的影响，孩子会以爸爸为榜样与动力，爸爸的思考方式、遇事时的原则及处理方式、看问题的角度、对待不同事件的认知等，都将成为孩子的模仿对象，并且会影响孩子自身的格局发展。

也就是说，爸爸的大格局，不仅让爸爸自身受益，而且全家人也都将跟着一起具备大格局，一个拥有大格局的家庭，未来的发展自然值得期待。

由此可见，拥有好情绪的妈妈、拥有大格局的爸爸，是一个家庭和睦且具有可持续性发展的重要条件。

妈妈为坤、为阴，如大地一般，能承载、能孕育；爸爸为乾、为阳，如天空一般，有胸襟、有能量。乾坤相宜，阴阳相吸，天地人和美无极。难怪有人说，妈妈的好情绪、爸爸的大格局就是一个家庭最"好"（"女"+"男"才组成一个真正的"好"字）的风水，一个家庭拥有好"风水"便是一家人的福气。在有福气的家庭中成长起来的孩子，未来发展无可限量。

妈妈篇

妈妈的情绪影响孩子的一生

如果你现在是一位妈妈，先不说自己的孩子怎样，请回忆一下，你对自己母亲的情绪有着怎样的记忆？是不是印象很深刻？相信有相当一部分妈妈的头脑中，会很清晰地刻印着自己母亲的情绪表现，尤其是坏情绪的表现。不仅如此，如果再仔细回忆一下你自己的表现，很多时候你表达情绪的样子，会不会与你记忆中的母亲的样子重合，而且是高度重合？所以现在很多人感叹："不知不觉中，我活成了妈妈当年的样子。"

从我们的亲身经历来看，这就是妈妈的情绪对孩子产生严重影响的最真实的例证，或者可以说，妈妈的情绪将会影响孩子一生，不论好坏。既然如此，我们理应当努力给孩子留下好的影响。

第二章

妈妈的情绪影响孩子的一生
——好妈妈就是要有好情绪

> 人是一种情绪化的动物。无论是好情绪还是坏情绪,人人都会有。难的是,怎样能在大部分时间里保持好情绪,而不会轻易就被坏情绪所左右。因为妈妈的好情绪是孩子"评判"她是不是一个好妈妈的根本标准之一,而对于妈妈自身来讲,好情绪也是她能否更好地做一切事的重要基础,所以要想成为好妈妈,首先应该培养自己具备并能保持好情绪。

坏情绪有毒,不要让孩子的童年只记住你的大吼大叫

童年经历对于一个人的成长是有深刻影响的,因为童年正是一个人开始接触世界、认识世界、不断学习以至于形成自己独特个性的重要阶段。童年因为单纯,所以更容易接纳与学习,也就对很多事有更深刻的记忆。如果孩子在童年听到的都是妈妈的吼叫,感受到的都是妈妈的坏情绪,那么他童年的色彩会是什么样的呢?你想过吗?

实际上,妈妈是一个家庭的灵魂,孩子跟妈妈在一起的时间最长,所以妈妈的情绪会对孩子的成长产生重大影响。这其中的道理很简单:妈妈

高兴，孩子当然也高兴；妈妈一旦发怒，孩子也会主动表现得小心翼翼，所以才会有幼小的孩子用各种笨拙的方式来讨好妈妈，只希望妈妈能恢复快乐，能让他感受到快乐所带来的温暖。

来看一件真实的小事：

一位妈妈因为某些事一直情绪低落，全家人本想着出去吃顿饭，也让妈妈散散心。妈妈的心情导致她面对各种事情时总是会看到不好的一面，结果负面情绪满满，尤其是在面对4岁半的孩子时，一会儿说她吃饭不认真，一会儿又说她不好好走路，一会儿又说她各种"不听话"。结果不仅自己心情没变好，其他人的心情也都受到了负面影响。

吃完饭，一家人沿着湖边走路回家。孩子在前面跑跳着，妈妈和爸爸一言不发地在后面跟着。忽然，孩子做了个大跳的动作，因为看上去有些滑稽，妈妈忍不住笑出了声音。路上行人很少，妈妈的笑声很清晰地传到了孩子的耳朵里。孩子回头看看妈妈，然后就开始了一个接一个的大跳动作。

也许是跳得太欢、跑得太快，孩子一个没刹住，跪在了地上，她赶紧站起来，自己看看手，拍拍裤子。妈妈走过去问她："疼不疼？别跳了，好好走路。"孩子却摇头说："只要妈妈一直笑，我就一直跳。"

妈妈听了默默地往前走，眼睛却感觉有些酸。

然后，她又听见身后，孩子小声地告诉爸爸："爸爸，其实我手挺疼的，我按到地上了，所以疼。"爸爸安慰的声音也小小的，妈妈忽然觉得，自己一直这样的坏情绪好像真的挺让人讨厌的，她回头拉过孩子的手，内心似乎感觉好了许多。

这件事让这位妈妈对孩子第一次有如此强烈的悔意，她觉得自己用那样的情绪、态度对待孩子，但孩子却如天使一般让她开心。这让她看到，孩子努力讨好的背后，其实也隐藏着一定的伤害，"孩子自己舔了舔伤口，装作不疼的样子，还要笑着、努力着把妈妈逗笑，想想都觉得心酸"。

从这件事可以看出来，孩子更愿意记住妈妈笑的样子，他的内心装得更多的是"妈妈快乐，所以我快乐"。而情绪中的我们，却总是"不遗余力"地、尽情地发泄自己的情绪，对孩子所做的努力视若无物。

坏情绪有毒，来自妈妈的坏情绪更是毒性强烈。作为孩子最亲近的人都无法给予他最需要的温暖，这才是让孩子情绪日渐低落的源头。慢慢地，孩子的记忆中将可能会越来越少地出现妈妈的笑容，取而代之的是每日不断增加的情绪爆发，如果孩子只记得妈妈大吼大叫的样子，再也想不起来妈妈的笑容，这个孩子的内心将会多么冰冷，而受到妈妈坏情绪的影响，孩子的情绪也将日渐暴躁。

一般来说，大吼大叫是一些妈妈释放坏情绪的最主要的方式，那么我们不妨就用一种更简单直接的方式来理解坏情绪的毒性发散过程：

➢ 妈妈产生坏情绪→引发大吼大叫→释放毒素
➢ 孩子接收坏情绪→被动接纳吼叫→不知不觉"中毒"
➢ 妈妈持续释放坏情绪→不分场合时间吼叫→毒素不断入侵孩子
➢ 孩子的坏情绪被调动→学会用错误的方式表达情绪→孩子中毒已深

更严重的事实是，除非中途妈妈意识到了问题（注意！一定是妈妈主动意识到自己就是那个毒源，并主动去克服、改变），否则这个过程不仅不会停止，而且会一代一代地延续下去。就像一句歌词所描述的，"长大后我就成了你"，每个孩子长大后身上都会带有爸爸或妈妈的影子，他所表现出来的，就是他记忆中父母的样子。

相信没有人会愿意让孩子"中毒"，那么当你心平气和的时候，想象这个可怕的毒性传染过程,就把它尽早停下来吧!你爱孩子吗?如果回答是肯定的,就赶紧想办法戒掉吼叫,别再毒害他!

孩子的童年是那么美好,我们能做的事情也是那么多——

➢ 教孩子学会做事,看他从完全不会到日渐熟练;
➢ 教孩子认真生活,看他从乱七八糟到条理清晰;
➢ 陪孩子快乐玩耍,看他从单纯欢笑到趣味动脑;
➢ 陪孩子渡过难关,看他从只会哭泣到学习思考;
➢ 给孩子展现能力,看他从简单模仿到思维多元;
➢ 给孩子灿烂笑容,看他从笑容回应到主动关怀;
➢ ……

有这么多的事情可以填满孩子的记忆,而且如此看来,自己和孩子的生活都如此的忙碌,哪里还有那么多时间留给坏情绪去捣乱呢?所以努力做一个好妈妈,就先丢掉坏情绪吧。当孩子的记忆中填满妈妈的温暖与爱,我们的家庭生活必定也将在这温暖与爱中越来越幸福。

觉知坏情绪
——别再去"冰冻"你的孩子

我们自己会有坏情绪,有时候我们也会遇到有坏情绪的其他人,这样的两种情况下,值得思考的现象就会出现了:

如果是我们自己爆发了坏情绪,绝大多数人可能会当时就被坏情绪所操控,只顾着去发泄,拼命表达自己的不满,吼叫、摔东西,甚至还可能与人打架,我们此时完全像变了一个人。

但如果是他人爆发了坏情绪，我们站在了旁观者的角度，这时的我们是相对冷静的，于是便可以很神奇地看到坏情绪所带来的坏处，并能给他人说出个一二三来，还能非常理智地去教导别人应该怎样去做，甚至能够非常有效地帮助别人摆脱坏情绪。

这是一个很有意思的对比，可见我们并非不能处理坏情绪。

然而事实却是，道理都懂，我们往往不能自控；可以劝导别人，却不能让自己平静下来；冷静的时候思路是畅通的，情绪一旦到来一切又都堵在了一起。

如此看来，我们需要开启对自我坏情绪的觉知能力，尽快察觉到自己爆发情绪的前兆，保证自己能在冷静状态下意识到自己情绪可能会出现的变化，从而更清醒地将那些"坏情绪不好""平复情绪才能继续"的道理运用在自己身上，让自己可以做到自我控制，从而避免用自己的坏情绪影响孩子。

那么所谓的"觉知"坏情绪，都要意识到什么内容呢？

第一，坏情绪伤身、伤心更伤人。

我们为什么要觉知坏情绪？与其说觉知坏情绪本身，不如说觉知坏情绪对自己及他人的伤害。一旦意识到了其所带来的严重后果，我们可能就会努力想办法去避免这些后果。

坏情绪能给我们带来什么？

首先，坏情绪会伤身。它对身体的影响会很大，引发去甲肾上腺素、肾上腺素等化学物质的分泌，这些压力荷尔蒙会导致人体内的生态平衡被破坏，尤其会对心脏造成伤害。可见，坏情绪会损伤身体健康。

其次，坏情绪会伤心。它使得我们的头脑发昏、思维停滞，于是我们便会固执地认为自己是被伤害的那一个。这种被伤害的感觉会让我们产生"希望有人来关注我、安慰我"的心理。如果长时间处于坏情绪之中，人也将逐渐陷入一种抑郁状态。

最后,坏情绪会伤人。我们一般都会以一些非常强烈的方式来表现坏情绪,不管是言语还是行为,都会让承受情绪的人感觉不舒服。如果是孩子来承受,更会让他感觉到恐惧、难过,长此以往更会影响他的心理健康。

第二,坏情绪其实并不"坏"。

很多妈妈在冲孩子发怒后,都会产生后悔的情绪,觉得自己又向"坏妈妈"前进了一步。一旦有了这样的认知,我们可能就会否定自己,进而逃避这个问题,会慢慢地不再主动关注这个问题,最终我们将会陷入"吼叫——后悔——再吼叫"的死循环,这当然无益于问题的解决。

人类之所以被归类为高级动物,重要原因之一就是可以表达多种多样的情绪,比如:可以喜、可以怒,也可以哀、可以乐……这也可以说明,坏情绪其实是源自我们自身所创造出来的一种正常存在,缺失了反而会显得不太"正常"。

只不过,相较于好情绪,坏情绪总会给人带来难过的感受,正如前面所提到的,正因为它让我们和周围人尤其是孩子感到难过,所以我们才要正视它,以便于更好地规避它。

第三,坏情绪表达的其实是我们自身的问题。

很多人在解释自己的坏情绪时,会说这样一些话,比如"如果孩子听话一点,我哪儿那么生气""如果你能体谅我一些,我当然不会发脾气了""我为什么这么生气,还不是因为你们闹的",等等。乍一看去,似乎坏情绪的产生全都是因为别人的错。

事实却是,每个人都是这个世界上的一个独立个体,同样一件事,为什么有的人生气,有的人却可以一笑而过?这其实就是我们自身的问题。

爆发坏情绪，让我们日渐积累了下面的种种"恶习"：

- 越发盛气凌人，稍有不顺便很容易爆发，越发有"世界必须围着我转"的想法；
- 创造了各种不信任，总是怀疑他人，甚至怀疑孩子，坚信自己是正确的且不容动摇；
- 更容易制造各种不开心，更容易看到事情不好的一面，整个思维也逐渐偏向负向思考；
- 习惯于可怜自己，并抱怨他人的不理解，不接纳他人的劝说，变得更加固执与不解人意。

网络上有一个词叫"细思恐极"，仔细想想会觉得恐怖至极，坏情绪所反映出来的我们自身的问题，如果不及时更正，是不是很可怕？

如果能意识到这三点，那么我们对待坏情绪的态度就可能会有所改观。我们要在冷静状态下好好思考这三点内容，真正理解坏情绪所造成的影响，这样我们才可能有觉知坏情绪的主动意识。

简单来说就是，深刻了解了它的不好，为了不让这样的不好继续蔓延，要努力尝试在它爆发之前，就按下头脑中的开关，用自己日渐冷静的头脑来阻止它毫无顾忌的出现。

寻找情绪失控的各种"点"
—— 妈妈愤怒背后的原因

一般来说，没有人会无缘无故发脾气，情绪的爆发一定有其原因。找准了原因，找对了化解原因的方法，情绪就会慢慢平复下来。

身为妈妈，不能认为"我忙工作也忙生活，所以我生气是应该的"。妈妈温柔的天性不应该被丢弃，在不那么忙碌和闹情绪的时候，安静下来，去寻找那些让自己情绪失控的"点"，解开那一个个纠结的思想小疙瘩，让内心变得豁达起来，情绪自然也就随之变得安定下来。

如果仔细进行分类，让情绪失控的原因可以分为这样几类：

第一类，孩子的原因。

成为妈妈之后，不管是之前就脾气暴躁的人，还是后来才发现自己脾气其实也不那么好的人，发脾气的首要原因，多半都会与孩子有关。而孩子激怒你的原因也非常简单，就是三个字——"不听话"。

似乎孩子一切可以引发妈妈暴怒的行为都可以与"不听话"挂上钩：

➢ 孩子没经过允许就做了一些事；
➢ 孩子没有按照你的要求去做；
➢ 对于你反复提醒的事，孩子还是犯了错；
➢ 孩子拒绝与你合作；
➢ 各种大小"问题行为"不断出现；
➢ 你说"不"，他拒绝得更厉害；
➢ 在你忙碌的时候捣乱；
➢ 故意破坏东西或做错事引起你的注意；
➢ 当你烦躁时，他却很吵闹；
➢ 想要被立刻满足，并为此采用各种手段；
➢ 与你所说的对着干；
➢ 对你的问话故意不理会；
➢ ……

孩子表现出来的"不听话",可能是因为你的要求太严苛了,他无法实现;也可能是你过分顾及自己的感受,无视了孩子的情绪;还可能是你错误地理解了孩子,也就是你犯了错,孩子受到了冤枉……

事实上,孩子的很多行为与"作对"完全沾不上边,就看你对他行为的容忍度有多高了,而且这种容忍度也与你的性格、知识水平以及对孩子身心发展的了解多少,甚至是个人素养等有紧密的联系。所以不能只因为自己看不惯、感觉不好,就认为是孩子的问题,并由此爆发情绪。

第二类,家庭其他成员的原因。

如果说面对孩子,妈妈还能站在一种所谓的"权威"的角度去"发火",那么面对家庭中的其他成年人,妈妈情绪爆发的原因可能就会更复杂一些。

爸爸的问题也许是妈妈爆发情绪的又一个主要来源。夫妻关系是一个家庭中最重要的关系,所以,妈妈可能在不知不觉中会对爸爸产生复杂的情绪,妈妈期待爸爸的帮助,但可能爸爸不管做了什么都换不来妈妈的肯定,于是妈妈对爸爸的抱怨也就与日俱增。

其实出现这种情况的原因也很好理解。因为在很多家庭中,妈妈是和孩子相处最多的人,妈妈同时还要兼顾家庭中其他人的生活,而一些爸爸的工作性质决定了他不可能长期在家,妈妈被工作、生活琐事缠身,如果再做不到自我排解,很容易会心生怨念。

除了对爸爸爆发情绪,有的妈妈和家里的老人也会经常闹矛盾。如果妈妈的母亲也是同样的情绪化,家中的争吵几乎是不断的;婆媳关系向来被看做"矛盾的集合点",也会导致妈妈的情绪起起伏伏。

与家人的关系紧张,会让妈妈觉得自己孤立无援。尤其是在教育孩子的问题上,爸爸不能给予帮助,或者爸爸和妈妈的想法南辕北辙,老人参与太多,甚至想要越俎代庖,再加上其他各种琐事,妈妈的情绪当然也就波动不安了。

第三类，外界环境的原因。

很多人是看不到自己周围的人和事的，他们总会对他人表现出羡慕之情，看别人什么都好，自然就觉不出来自己家的好。

事实却是，"家家有本经，谁念谁知道"，你眼中看到的其实并不是一个家庭的全部，更何况自己的家难道真的那么不堪吗？绝不尽然。如果因为别人的家庭而抱怨自己的家庭，并由此产生不良情绪，这才是最无聊的表现。

还是回到孩子的问题。有的妈妈特别喜欢"别人家的孩子"，这其实就是自己为自己塑造了一个"完美孩子"的形象，期待孩子变成自己所希望的样子，说到底还是自己的原因。

不管对孩子还是对其他家人，你可以有期待，但不要那么完美苛刻，因为别人的某些方面表现好而让自己闹情绪，这难道不是自寻烦恼吗？

第四类，自身的原因。

很多妈妈都是工作生活两兼顾的，繁忙的工作再加上繁重的家务，会让自己应接不暇。当身体疲惫时，心情也会变得不那么美好，坏情绪自然也就乘虚而入了。

同时，身为女性，会有逃不开的生理期问题。生理期导致的身体和心理变化，往往会让人烦躁不已，此时也是最容易爆发家庭战争的时候。

自身的种种原因纠结在一起，情绪当然也就变得起伏不定了。

不埋怨、不丧气，用笑脸和语言去温情包容

曾经有人在网络论坛发表话题，询问"家里有个爱抱怨的妈妈是一种什么情况"。后面的大批回复几乎都是在"诉苦"，并表达同感，可见爱抱怨的妈妈其实并不那么受人同情，反而因为抱怨连连而让家里的人也同样心生怨恨，想一想真让人感到心酸。

爱抱怨的人，很难看到事情的正向方面，戾气会非常重，会觉得全世界都辜负了自己，认为自己得不到足够的理解与关爱，尽管把自己折腾得很可怜，却换不来旁人的同情与尊重。负能量爆棚的妈妈，无疑也是影响家庭和谐幸福的不定时炸弹。

所以，要改变这样的形象，丢掉埋怨，摆脱丧气，用笑脸和语言给予家人温情与包容，做能给家庭带来幸福感的妈妈。

第一，自己要爱自己，学会取悦自己，而非过分期待他人。

凡是经常埋怨他人、经常丧气满满的妈妈，其实都是不爱自己的人，否则她一定不会总是让自己发脾气，把自己的身心搞得疲惫不堪，也不会愿意让自己总处于这么不快乐的境地，给自己的心理增加负担。

遇到问题，一定要自己关心自己，安慰自己，让自己能够以健康的身体、平静的心情去解决真正的问题，重新恢复快乐，并用良好的自尊、自爱、自重来赢得对方的尊重，而非用自己的可怜去博取对方的关心，否则要来的关心只能让自己更泄气。

第二，正向表达不满，拒绝语言暴力，要能接台阶下。

有的妈妈从来不正向表达不满，总是对家人施加各种语言暴力，意图

用发泄的方式来换取他人的"醒悟",希望借由抱怨来得到他人的认可。

举个例子,感觉自己很累,不想做家务,希望家人能帮助分担一下,应该怎么说?

一位妈妈这样说:"我累得要死,你们谁都看不见,从来没人念我的好,连做个家务都没人帮忙。"

听了这样的话,家人要么是被动行动,要么是因为被骂而跟着闹脾气,并不会有好结果。

如果换一种说法:"哎呀,我今天好累好累,我不想做家务了。我说能干的爸爸,咱们也动一动呗,帮帮忙。还有我家这个越来越厉害的小帮手,帮妈妈做点事好不好?"

这就是正向的表达,可以向周围人传递一种正常的诉求。它的语义指向非常清晰,描述自我状态"我很累",说明自我感受"不想做家务",同时表达诉求"希望家人能帮忙",言简意赅,再加上艺术化的说法——"能干的爸爸""厉害的小能手",还有谁会拒绝呢?

当然,有时候情绪低落难以控制,抱怨也在所难免。但关键是,如果此时有人给了台阶,应该接着下来,而不是反而顺杆爬。

比如,同样说自己累不想做家务,如果家人说"好了好了,我来我来,你歇着吧",那就顺势放手。此时最忌讳继续挑起战争,如果你偏要说"哼!我快累死了你才想起来,你们眼里就没有我",这就有故意找碴的意味了。

第三，眼看实际，一切从实际出发，不沉迷于理想乌托邦。

没有人是完美的，没有家庭是完美的，如果总眼看着"别人家"，内心总是幻想着"别人家怎么就那么好"，结果反倒让自己因为这种过高的期待而变得更加不开心。

一位妈妈哭着说："我说人家好，不就是为了让孩子爸爸学习榜样，赶紧改正问题吗？他倒好，来一句'谁好你找谁去吧'，这我能不生气吗？他怎么就那个态度呢？"

事实上，被说不好，人们都会心生反感，频繁被拿来与他人比较，换成谁心里都不痛快。

所以，应该正视自己家庭的现状，正视家人，脚踏实地一些，从自己家庭出发，努力改变自己，带动全家人一起努力，可以幻想美好的未来，但不要以此为苛刻标准要求家人，尤其是要求孩子。

第四，换个角度，多看家人的好，不总是刻意强调自己的付出。

埋怨连连的妈妈眼中看到的世界一定是灰色的，她总能很"精准"地找到事物的负面，并能"一针见血"地指责家人的短处。不仅如此，这样的妈妈也会觉得全家只有自己在付出，也就是她眼中只看得到自己的辛苦，并由此认为自己才是应该获得更多关注的人。

这样想其实是不妥当的，也是"费力不讨好的"，只会让自己感觉更"冤"，要能主动转换视角，看一看周围的家人都做了什么。

比如，你眼见的是孩子的爸爸连一句安慰的话都不会说，可实际上，他在你生闷气的时候用心给你准备饭菜，尽管不会说，但能说他不关心你吗？只是你选择了忽略而已。

还比如，你眼见的是孩子只知道自己玩，不知道说好话哄你开心，可实际上，孩子偷偷给你准备好了装满水的水杯，自己认真安静地做作业、看书，努力表现得好，不让你继续难过，这能说他表现不好吗？也只是你不去看而已。

什么叫心想事成？是我们期待好，好才会来，而如果总是自以为对方是坏的，如果总是忽略、无视他人的好，他人原本热情的心也会冷下来，就会朝着你所想的"坏"去发展。

你的付出，其实全家人都看得到，你应该去享受快乐，爱自己，让自己的付出变得快乐，家人也会从中有所感受、有所收获。

学会掌控情绪
——妈妈要培养女性温柔与细腻的特质

好情绪的一个重要表现，就是能够表现出温柔细腻来。一般来说，女性拥有一些很重要的特质，比如温言柔语、有礼有节、懂情讲理、细心有爱等。如果哪位女性可以做到这些，那么她一定很受人欢迎。

然而现在很多女性并不在意这些特质，她们宣称，"要独立坚强""要敢想敢干""要不软弱可欺""要勇于说不"……可实际上她们却只关注到了这些内容的字面意思，并尽力表现出这些字面意思，完全忽略了其内在的深刻含义。独立坚强，并不意味着冷若冰霜，而是指遇事不慌，勇敢面对困难；敢想敢干，并不意味着任性妄为，而是要在保证原则的基础上动脑筋；不软弱可欺，也不是要做到铁石心肠，而是要有理有据地坚持原则；勇于说"不"，可不是暴躁非常，看见什么都说"不"，而是能有礼有节地表达自己的感受和意见……

如果只顾着去追求所谓的"坚强""刚毅"，不注重自身本该有的温柔的一面，情绪就会一直处于一种亢奋的状态，随时都可能被任何事点燃。所以从另一个角度来说，学习掌控情绪，不仅要学习控制脾气的技巧，更要从女性自身的特质多加注意，让自己重新变得"温柔如水"，正如老子所言，"上善若水，水善利万物而不争"。

关于"柔"，老子还曾指出："弱之胜强，柔之胜刚，天下莫不知，莫能行。"也就是说，"柔弱胜刚强"，所以，作为女性，一定要修炼自己"柔"的一面，所谓"以柔克刚"，这都是非常有道理的，因为适合自己的"柔"才是最强大的。

首先，重新领悟"温柔"与"细腻"的准确概念。

很多妈妈对于"温柔细腻"有一种错误的理解。有的人认为温柔就只是"好言好语没有什么威严地表达和做事，即便自己受委屈也不生气"，认为细腻就是"一心只想着别人，能做到面面俱到"。如此想下去的话，其实还是一种"自我受害"的想法，把"温柔""细腻"这样原本正向的表现，反倒当成了"软弱"的代表。

"温柔"出自《管子·弟子职》，其中讲："见善从之，闻义则服，温柔孝悌，毋骄恃力。"在这其中，温柔的解释为温和柔顺。然而对于一个词，我们从来不会单独去解读它的含义，要把它放在前后的语境之中，势必会拥有诸多"复杂"背景的内容。这一句话的意思是，眼见善行就跟着去做，听闻义举便也身体力行。性情温顺柔和，对长辈尽孝，对兄弟讲求悌道，不自恃勇力便骄傲蛮横。可见，温柔的表现不仅在外表，而且内心要有原则，要对亲人有爱，要有大善之心。而在这句之后，更是有"心志不可虚邪，行为必须正直"等诸多内容。

因此不要再去曲解"温柔细腻"的含义，要从正面去解读，要意识到对于女性来说，温柔是天性，天性如水、心细如发，用包容、宽广化纠结，有原则、无可破，这才是妈妈应该表现出来的气质。

其次，尝试"内外兼修"，逐步改变自身。

要修炼温柔细腻的气质，也同样并非"我说话小点声，我不总是甩脸子，我尽量不发火"这么简单。外在的改变是必须的，但同时，也更要注重内在的改变。女性温柔气质的培养，是需要内外兼修的。

内在的改变可以从拓宽视野、广泛学习、改变思想开始，所以一定要多读书，选择有质感、有内涵的书，读一读那些可以直击心灵的文字，提升知识内涵，提升品读素养，逐渐改变、净化内心世界。

除了看书，还要培养一些良好的爱好兴趣，比如练习绘画、书法、古琴等，哪怕简单一点的，养养花、织织毛衣，或者做做小手工、折纸、十字绣……从这些活动中感受到属于自己的快乐，这是谁也给不了的，所以不妨给自己一方属于自己的小小时空。

至于说外在的改变，就要早睡早起安排好作息，把家里收拾干净，给自己换一些温暖明快颜色的衣服，打理好头发，心情好了就把自己装扮得更赏心悦目一些。尽量不浓妆艳抹，一方面是考虑孩子可能会模仿或有其他感受，另一方面，越是清新自然、干净整齐，越能让自己心情明亮起来。

最后，不妨学着"以直报怨，以德报德"。

孔子在《论语·宪问》中指出，"以直报怨，以德报德"，意思是以正直来回报怨恨，以仁德来回报仁德。从掌控情绪这个角度来看，这段文字也可以有全新的理解。即要坚持原则，但并不一定要用那种抱怨方式去表达，而是讲清楚自己的感受，明白表示"我很不喜欢你或者你们现在做的事情，我觉得很难过"，不需要借助夸张的言行"表演"来表达，越是简单直白，反而越能直扣人心。

所以，如果你是温柔以对的，对方也不好意思再无理取闹，孩子会愿意靠近你，听你讲出接下来的话，会明白你不喜欢的、不希望的事情，其他家人也会愿意倾听，同时也愿意与你进行理性交流，如此，很多问题也就自然而然地解开了。

你表现得温柔有理，这便是涵养的表现，哪怕是对家人，你的涵养也一样重要；家人在你的感染之下，也会学着用同样的方式来应对、处理各种问题。尤其是孩子，你温柔贤淑、有礼有节的样子，会教会他如何应对各种问题，他必能受益匪浅。

第三章

给孩子富足的安全感
——安全感满满的孩子幸福多多

给孩子怎样的生活,他才能感觉到幸福?吃穿不愁、玩具满满、四处游玩、多多学习,这样的生活是幸福的吗?这个答案是不确定的,因为有安全感的孩子,过这样的生活一定会觉得幸福;而没有安全感的孩子,这样的生活所创造的幸福不过是昙花一现。若想要孩子感到踏踏实实的幸福感,富足的安全感是一项特别重要的前提条件。

妈妈的情绪决定家庭氛围,家庭氛围决定孩子的安全感

有人说,"妈妈是一个家庭的灵魂",妈妈心情愉悦的家庭更具幸福感染力;相反,如果妈妈总是闹情绪,而且动不动就把情绪发泄到家人身上,一家人都将生活在噩梦与恐惧中,尤其是孩子会受到很大的影响。

一位年轻妈妈曾这样谈起她儿时的经历:

我的妈妈就非常情绪化,经常是爸爸或者我的某一句话、某一个小行为没符合她的要求,她就自己变得很不开心,会骂骂咧咧,连续骂一个多

小时是常事，要不就是认为我们不配合她而伤心难过。

每次看见妈妈不高兴或者她开始骂的时候，我原本高兴的心情也会瞬间消失，我永远也猜不透妈妈到底怎么了，我也永远想让妈妈能开心起来。有时候我会哭，可也不敢大声哭，因为如果妈妈看到了，她会说"你还有脸哭，我都没地方哭去"。

有几次，我因为妈妈闹情绪还产生了自残的想法，现在手腕上一道长长的伤疤，就是我砸碎桌面玻璃的结果，那次是我用鲜血的代价换来了妈妈暂时的情绪平复。

不仅如此，我的妈妈还非常强势，如果她开始说，就必须要一直说，我和爸爸只要一开口说"不是那样"，她会直接打断我们的说话，拒绝让我们说"不"，然后自己又继续说。可她说完了又说我们不和她沟通，而当我们再次开口的时候，刚开个头，她觉得不是她想听的，就又打断然后继续说自己的。最后，我们干脆不说话了，她又越想越伤心委屈，觉得没有人关心她。

总之，不管她因为什么原因生气了，你永远也没有办法让她开心起来，必须等她自己想通、消气。因为妈妈时常的消极情绪，我们家常年都阴沉沉的，非常压抑，我做什么都小心翼翼的。

现在我也是妈妈了，有时候我也会有和我的妈妈一样的表现，这太可怕了！看着孩子有时候那惊恐的表情和哭泣之后依然渴望的眼神，我是真不希望变成和妈妈一样，然后让我的孩子经历我小时候的经历。但我真不敢保证这样的恶性循环不会出现。

从这位妈妈的言谈话语中，你是不是也感受到一种压抑？她如今依然能清晰地记得自己儿时家庭的压抑，说明她直到现在也依然没有富足的安全感，她内心深处那块缺失的安全感已经成为生命的烙印，而且她在对待自己的孩子时，也依稀可见自己身上妈妈的影子，足见妈妈的坏情绪对孩子有着多么深刻久远的影响。

妈妈一旦情绪失控，那些坏情绪就会变成一把又一把的利剑，毫不留情地扎向家人。

有的妈妈可能说："我在外人面前装好人也就算了，在家人面前都不能好好释放自我吗？对最亲的人我都没法说心里话，我得多难过。"这样的说法值得好好商榷。其实，对最亲的人才更应该释放最温暖的情感。因为最亲的人才是家的重要组成人员，如果你不断地用自己的坏情绪去伤害最亲的人，不管是孩子还是其他家人，都会开始躲避你，那个让你能够躲避风雨的家也终将因为组成人员的"受损"而变得摇摇欲坠。难道不是吗？

你用坏情绪破坏了家的氛围，家庭成员没法凝聚，都想躲避，想让自己清静，家岂不是开始分崩离析？此时你有没有想过孩子的心情？

有位妈妈说："我有一段时间情绪非常不好，然后那段时间里，孩子就总是很奇怪地和我说这样一些话，不是'妈妈你还爱我吗'，就是'我最喜欢妈妈了'。她几乎每天都会跟我说类似的话，看见我笑了，她会闹得非常夸张，看见我不高兴了，她会躲开，自己该干什么干什么。她才4岁，就已经如此敏感地察觉我的情绪。"

孩子为什么这样说？这个4岁的孩子，是在用不断"索爱"和不断"表达爱"的方式来向妈妈要一个求证，她希望从妈妈这里获得一个肯定的答案，那就是"妈妈依然爱你，妈妈不会离开你"，敏感的孩子想确认她对爱的渴求是否能得到回应。

4岁的孩子就知道在妈妈高兴的时候可以放心闹，妈妈不开心的时候去躲避。她之所以闹，是因为她感觉到这时候的妈妈是安全的；她之所以躲避，是因为她感知到此时的她没办法感受到安全，所以不得不自己去建立一个安全的所在。这是多么让人心疼的表现，孩子只能享受有限的安全，而且不得不努力成长让自己去感受安全。

情绪失控之下，妈妈几乎很难控制自己的行为，新闻中曾经出现的，妈妈暴怒之下打死孩子，事后后悔得自杀的真实事例，应该成为时刻敲响在耳边的沉重警钟。不要让孩子生活在这样的"危房"之中，你不只要给他提供吃喝玩乐的生活场所，更要给他建立一个自内往外感觉安全的避风港。

所以，培养孩子具备安全感，不需要向外求，不需要讲什么大道理，一切都先从身为妈妈的自己开始做起，控制情绪，软化心灵。当你温柔了，家也就温暖了。

给孩子安全感的前提
——培养自己内在的安全感

我有，我才能给予，否则便只是空想，哪怕枯竭身心，也给不出对方所需要的东西。

这个道理同样适用于对孩子安全感的培养上，只有先培养起自己内在的安全感，才能知道孩子内心的安全感都需要什么，也才能真正满足孩子的需求。否则，缺乏安全感的妈妈，会不断地"自我追求"，反而忽略了孩子的需求。

缺乏安全感的妈妈，会非常害怕受到伤害，遇到自我感觉不好的时候，就忍不住竖起全身的尖刺，想去反驳反抗，殊不知这个状态最为伤害他人，尤其对家人的伤害最大。

缺乏安全感的妈妈，希望家人可以信任自己，然而自己却反过来并不信任家人，她会不断怀疑旁人对自己的态度，稍有不如她的心意的情况，她就会认为对方不在乎自己。

缺乏安全感的妈妈，会想掌控一切，只有将所有东西都紧紧攥在自己手里她才放心，凡是有任何超越她控制的事情或人，她都会觉得非常焦躁。这样的妈妈很想为旁人安排一切，任何不能随她心意的事情发展都可能会让她感到愤怒。

缺乏安全感的妈妈，自己就特别想获得安全感，可是这种强烈的渴望又会让她表现得很谨慎，结果她的内心深处只能装得下自己，她没法去跟任何人建立任何亲密的关系，包括自己的孩子。

有人总觉得，外界安全了，自己才感觉到安全，也就是要向外求安全感。可实际上，正是因为内在的自己先有了安全感，这个世界才能渐渐变得安宁起来。

同样的，你是一个很有安全感的妈妈，你自然会向丈夫、向孩子传递自身的安全感，这样丈夫、孩子才会放下心来，你的安全感也才能逐步建立起来。所以说，妈妈对于孩子自身安全感的建立具有重要的决定性作用。

作为妈妈，要培养内在的安全感，不妨从这几个方面入手：

第一，自立。

能让人有安全感的自立包括这样几个方面：生活自理，经济独立，人格自立。

生活自理，除了保障自己的基本生活，还要能提升生活质量，也能解决生活难题，唯如此，才能培养起重要的自我生存能力。能做到不盲目依赖，是人具备安全感的一个基本条件。

经济独立，就是要制订一个合理的理财计划，保证自己一定的经济基础，不至于频繁伸手要钱。独立的经济来源，会让你有能力去追求更高层次的精神境界，也会让你内心感觉更踏实。

人格独立，要求能够独立思考，有自己的主见与原则，可以自我选择与决定。所以，要培养自己的思考能力，结合前面提到的生活自理与经济独立，逐渐提升自己的独立人格。

第二，接纳。

没有安全感的人对不完美很敏感，会陷入频繁的抱怨中。而只有接纳这一切的不完美，自己的内心才能被打开。

对待家人，要接纳平凡，正是因为平凡，所以家中的每一位成员都或多或少地有各种各样的问题，与其以凌驾他人的态度固执地去纠正，倒不如放宽心胸，换个角度看问题，让自己起到如水般调和家中所有人的作用，放松了自己，家人才会得到放松。

对待自己，也要宽松一些，因为人一辈子都在成长，每天都有变化，何必给自己上那么紧的发条？至于教育孩子，原本也不是一蹴而就的事，需要跟着孩子一起成长，没必要那么急切地自己先行出发，你事先预想的不一定是有用的，你着急的也同样不一定真的有多重要。把生活的节奏放缓，把成长的标准放到自己真实的水平线上，也许你会发现丈夫、孩子还有你自己，原来并没有你想象的那么不堪。

第三，悦己。

自爱的人，才懂得去爱别人；自信的人，才能去信任他人；悦己的人，才能让他人也感到快乐，这是非常简单的道理。你的生活并不只是围着他人转的，不妨有一点自我取悦的意识，并能找到让自己快乐起来的方式，做一个会悦纳自己的人。

要记住，如果你向忙碌妥协，忙碌自然也就任性地占满你的所有时间和空间。所以，你需要平衡忙碌与闲暇的时间，不要任由自己陷入那种繁杂忙碌之中。合理安排时间，合理安排事项，不强迫自己一次性做完太多的事情，让自己的生活节奏慢下来，提升自己的生活质量。拾起被丢弃的兴趣爱好，每天安排一点属于自己的时间，有勇气接触一些新鲜事物，尝试学一点新的技能，保持新鲜是悦己的一种很有效的方式。

第四，交流。

人为什么要走出去？就是为了看世界，结识更多的人，与他人建立情感联系。现代诗人余光中说："旅行之意义并不是告诉别人'这里我来过'，而是一种改变。旅行会改变人的气质，让人的目光变得更加长远。在旅途中，你会看到不同的人有不同的习惯，你才能了解到，并不是每个人都按照你的方式在生活。这样，人的心胸才会变得更宽广；这样，我们才会以更好的心态去面对自己的生活。"所以，别"宅"在家里，要"走出去"。

多与人交流，至少可以让你的心事有地方诉说，让你能了解他人对待某些事的看法和处理态度，你需要从他人身上了解与学习更多你没见过的生活技巧。走出去、与他人交流，会让你的说话欲望也得到释放。

而且，与非家人的人在一起，你的思想也会受到更多新鲜内容的冲击，你的世界逐渐被打开了，你自然就不会因为小家庭的局限而变得压抑，你的心胸自然也会被打开，很多你以为的大事，看看别人，再看看自己，也就不会显得那么重要了。走出去，与他人沟通，这也是一种变相的"大事化小，小事化了"的方法。

深度陪伴
——高质量的陪伴让孩子的安全感"爆棚"

如果说妈妈的哪种行为最能让孩子感受到安全感，那么"陪伴"这一行为一定能高票居首。在任何一个孩子心中，只要妈妈在，他似乎真的会变得什么都不怕。这就是妈妈的陪伴带给孩子的力量，带给孩子的安全感。

那么，只要是陪伴孩子身边，他就一定能获得高质量的安全感吗？答案也并不是肯定的，如果你的陪伴并不是高质量的，孩子的安全感一样会变得岌岌可危。正所谓付出与回报是成正比的，若想孩子获得高质量的安全感，你也一定要付出同等高质量的陪伴才行。

高质量的陪伴，要有足够的陪伴时间。

评判一段陪伴是不是高质量的，时间是一个最基本的判断标准。

有的妈妈工作忙碌，但工作与生活应该是彼此扶持，互不相欠，这才是常态。所以你对于时间的规划就显得非常重要，工作归于工作，生活也一定要像样，该给孩子的时间不要随意占用，尊重孩子在你生命里所占有的时间。

对于全职或者工作不忙碌的妈妈来说，你也要好好审视一下自己对于时间的安排。那些频繁关注手机、游戏、韩剧、综娱的时间，都是可以拿来陪伴孩子的。有的妈妈认为这会让自己没了娱乐时间，其实不然，如果孩子感到了满足的陪伴，他也会有自我独处的需求。

事实上，这个"足够"的时间，并不是要让你无时无刻的陪伴，这与时间长度无关，而是要在某个固定的时间段里，能够给孩子充足的陪伴。

高质量的陪伴，不仅相陪，更要做伴。

陪伴是一个综合性的词，包括相陪和做伴两个动作。很多妈妈只做到了"陪"，却完全忽略了"伴"。即便坐在孩子身边，也是依旧忙碌自己的事，只是关注孩子的喝水，上厕所，不要捣乱而已。

这种"陪"，才是实实在在地在浪费时间。孩子感受不到快乐，你自己也觉得受束缚。所以，一定要把"陪"和"伴"结合起来，形成真正的

"陪伴"。比如，和孩子一起参与到某项活动中，跟孩子形成互动，产生交流，与他一起体会快乐，引导他学到什么、认识到什么、理解到什么、感受到什么，相陪做伴同进退，让孩子能感受到"妈妈和我一起"，他才会真的满足。

高质量的陪伴，应该有更深刻的内容。

陪伴孩子其实是一种双方主动的行为，孩子需要培养是因为成长有需求，而你之所以要给予陪伴，是因为这是帮助你了解孩子、引导孩子的最直接的方法，也是加深彼此情感连接的最重要的方法。如此来看，陪伴理应具备更高质量的内容。

这里列举几种可行的方式：

陪孩子读书——一起读一本书，或者各自捧一本书，安静地看一段时间，每天如此，形成习惯，看完之后彼此讨论一下，孩子会非常享受这样的时光。

陪孩子聊天——抓住合适的主题，和孩子你一句我一句地说说自己的看法，顺着他的思路想，引导他按照原则去思考，不要过分追求结果，不要强迫加诸任何思想于他，即便你觉得那是正确的，也要耐心等他自己理解。

陪孩子游戏——可以做有目的的游戏，比如增强体质，就和体育运动结合起来；培养思维能力，就和迷宫、猜谜游戏结合起来；培养动手能力，就和折纸、编织、彩泥游戏结合起来，等等。也可以做纯粹大笑的游戏，比如，没完没了地追着跑，不断地做鬼脸，重复最简单的动作、言语，这其实也是一种释放，既让自己暂时忘却烦恼，也能联结彼此的情感。有意义的游戏和纯粹大笑的游戏，穿插来做，目的其实都不过是幸福快乐。

高质量的陪伴，务必发散正向情感。

陪伴应该是一个温馨的过程，要耐心、细心且要有爱心，也就是"人在心也在"。实际上，陪伴孩子一定是一个发散正向情感的过程，不要想着"我又得陪着你耗时间"，请务必保持平静。

有的妈妈很急躁，总想通过某些行为实现让孩子成长的目的，想法没问题，但情绪太急躁反而不能让孩子感觉到愉悦，孩子一旦心生抵触，陪伴于他来说就变成了煎熬。

陪伴应该是温馨的，如果你情绪好，就让孩子也感受到你的好情绪，并将这份好逐渐延续发散下去；如果你情绪不好，就尝试着通过与单纯的孩子一起度过一段时间，来平息自己的情绪，让自己从孩子这里去重拾简单的人生道理。

正向情感的发散，让孩子的内心也逐渐满足，那么这个陪伴就是有效的，就好像吃饭吃得香又饱，他满足了自然也就安心了。

培养孩子的自我认同感
——从低自尊到高自尊的转变

在自尊这个问题上，有的人存在误解，比如有的妈妈会说自己的孩子"自尊心太强，听不得别人说一点不好"，其实这并不是真正的自尊。

美国著名的发展心理学家爱利克·埃里克森（Erik Erikson）提出，每个个体的成长，都必须成功地通过一系列的心理社会性发展阶段。他认为，人的一生有8个发展阶段，每个阶段都有各自的发展任务。

埃里克森心理社会性发展的8个阶段

年龄	自我危机	自我品质	充分解决	不充分解决
婴儿期 （0~1.5岁）	基本信任VS基本不信任	希望	哭或饿时，父母出现，建立基本的信任感	得不到满足，就会担忧、焦虑、无安全感
幼儿期 （1.5~3岁）	自主性VS羞怯和疑虑	意志	有自主性，可以控制身体，可以做某些事	若被保护或惩罚不当，就会羞怯、疑虑
学龄初期 （3~6岁）	主动性VS内疚感	目的	主动探究行为受到鼓励，就会形成主动性	独创行为、想象力被讥笑，就会有内疚感
学龄期 （6~12岁）	勤奋VS自卑	能力	掌握丰富的社会技能和认知技能，有勤奋感	自卑感大于勤奋感，缺乏自信，有挫败感
青少年期 （12~20岁）	自我同一性VS角色混乱	忠诚	自我认同感形成，明白、接受并欣赏自己	感到自己充满混乱，变化不定，不自知
成年早期 （20~25岁）	亲密VS疏离	爱	有能力与他人建立亲密的、需要承诺的关系	感到孤独、隔绝，否认需要亲密感
成年中期 （25~65岁）	繁殖VS停滞	关心	生活幸福充实，生儿育女，关心后代的发展	过分关注自身的利益，人格贫乏和停滞
成年晚期 （65岁至死亡）	自我实现VS失望	智慧	已自我实现，以超然的态度对待生活和死亡	感到无用、沮丧，怀着绝望走向死亡

从上表可以看出，孩童时期，尤其是3~6岁时，正是孩子建立自信、自我价值的重要阶段。只有前面的几个阶段安全度过，孩子才能逐渐建立起自我认同感，真正接纳并欣赏自我。

孩子在不断成长的过程中，对自己越来越了解，也逐渐建构起越发复杂的自我形象，并开始对自己认为所具有的品质加以评价，这些对自我的评价成分便是自尊。

美国心理学家斯坦利·库珀史密斯（Stanley Coopersmith）这样定义"自尊"：自尊就是个体对自己做出的、并经常持有的评价。它传达出一种肯定或者否定的态度，表达出个体对自己的能力、重要性、成功和价值的信任程度。

每个人内心都有一个理想的自我，并会与现实的自我进行比较，二者之间的差距如果很小，那么我们就会感觉自我是有价值的，并产生满足感；如果这个差距很大，我们就会感觉自我无价值，同时产生失败感。所以，自尊就是"个体感受到的理想自我和现实自我之间差距的一个功能"，高自尊自然会给人带来幸福与满足，而低自尊则会导致人抑郁、焦虑以及适应不良。

高自尊的孩子可以意识到自己的优点，也能看到自己的缺点，但同时他也希望自己可以去克服缺点，对自己的性格、能力等各方面都会比较满意；相对应地，低自尊的孩子并不喜欢自己，更纠结于自己的缺点，显得非常不自信，并且忽视自己已经表现出来的优点。

从这些理论来看，有良好的自我认同感的孩子将会具备高自尊，所以他的安全感也会更强烈、稳定一些。由此可知，培养孩子良好的自我认同感，有助于他更好地认识自我、维护自尊，并产生内在的安全感。

那么，如何让孩子从低自尊向高自尊转变呢？

首先，改变"低自尊父母"的身份，正向引导孩子。

低自尊的孩子，必定会有低自尊的父母，正是偏颇的教育才让孩子一点点地"放弃"了自我。

低自尊父母的表现：

> 永远在指责孩子的错误；
> 总认为孩子受到了"不公正对待"；
> 经常把孩子放进各种比较之中；
> 无论什么，都要给孩子"最好"的；
> 经常诉诸暴力、粗口；
> 从不对自身进行约束与要求；
> 唯唯诺诺，不敢表达自我真实感受；
> 有讨好的性格，委曲求全，自我牺牲；
> ……

对照这些行为，好好回忆一下自身的表现，如果符合大部分内容，就先不要去找孩子的"麻烦"，而应该先去纠正自身，提升自己的自尊，看到自己的价值，然后再去关注孩子。

在引导孩子成长过程中，应该让他逐渐了解：

> 我想做什么？
> 我能做什么？
> 我不能做什么？
> 有哪些是目前做不到的？
> 有哪些是以后才能做的？
> 我愿不愿意尝试？

> 我是否被允许尝试？
> 我遇到困难怎么办？
> 我做不好又怎么办？
> ……

孩子需要通过这些思考逐渐做到对自我的认知，并意识到自己的能力是有限的，可以积极地向外求助，同时通过他人的评价来正视自己。如此一来，孩子才会变得越来越自信。

其次，当孩子受挫时，学会保护及给予真正的支持。

孩子一路成长必定会受挫，带着坏情绪去挑剔他的问题，就意味着你正在向孩子传达属于你的不自信，这也会一点点毁掉他的自信。

正确的做法是，理解孩子的感受，受挫导致他难过、委屈、自责，他感觉很不舒服。要站在孩子这一边，帮助他更坦率真实地认识自己，帮助他看到自己做到了什么，让他意识到自己做不到也许并不是他的错，而是他的发展也是需要时间的。

同时，要正视孩子的不完美，不挖苦他，但也不过分夸奖他，不需要在他做不好时用过分的表演来帮他建立自信。越是真实的状态，越能让孩子面对真实的自己。

再次，尊重、接纳孩子的现实自我与理想自我。

每个孩子都有一个理想的自我，他需要平衡理想和现实的差距，你要给他做示范。比如，爱美的女孩偷偷给自己化了妆，你应该怎么说？有位妈妈就说："猴屁股都比你的脸好看！就你那样，学习上不去，还化妆？"结果，孩子从此对化妆产生了恐惧，对自己的容貌也产生了自卑感。

每个阶段孩子都会有不同的心理需求，他会更希望自己贴近理想的自我，而如果像这位妈妈一样给予孩子打击，嘲讽他的理想自我，他的自信可能在一瞬间就被毁掉了。要知道，绝对不是孩子足够好了才有自信，而是孩子只有相信自己好他才会变好。

所以，要尊重和接纳孩子的理想自我，更要尊重和接纳他的现实自我，要能听得见、看得见他的心声和现实的表达。如果孩子化了妆，你不妨说："想要变美，很好啊，不过现在的你是自然的美，要珍惜啊，长大以后再化妆也不迟呀！"

最后，给予孩子当下最需要的支持。

妈妈的鼓励和支持对孩子很重要，只不过妈妈需要确认自己的支持是不是孩子当下需要的，否则依然无法让他自信起来。

5岁的男孩和妈妈一起参加幼儿园舞台剧表演。开始两天的排练很正常，但第三天的时候，剧里新加入一个成年男性角色，排练一开始，男孩忽然哭了起来，台词说不下来，动作做不到位，老师不得不停下排练，跟男孩妈妈一起劝说他要勇敢，要自信。可是男孩明显并没有得到安慰，他一直紧紧拉着妈妈的手。

忽然，妈妈好像想通了什么，问男孩："你是不是害怕那个新来的叔叔？"男孩连忙点头。原来新来的叔叔长得又高又壮，男孩对于陌生人产生了心理抗拒。妈妈说："我在你这么小的时候也害怕高大的叔叔，我知道你害怕，哭出来不是你的错。不过也许叔叔会很喜欢你呢！"

妈妈把情况告诉了老师，老师便趁着休息时带着男孩去和新来的叔叔打招呼，两人和颜悦色地聊了一会儿，男孩的情绪慢慢平复下来，排练得以继续，并顺利完成。

孩子在某些情况下需要获得支持,也许并不是你所想的那样子,所以,给他讲一堆道理并不管用。孩子在很多时候可能只需要获得鼓励,并希望他人认同自己的感受,此时再加上我们的一些小智慧,就能帮助孩子重新准备好去面对一切。

与孩子做最好的联结
——母子(女)心连心,给足孩子安全感

总有人说,孩子的心思很难猜,经常不知道他想干什么;也有人说,孩子藏着很多小秘密,并不愿意都告诉父母。凭借着这样的认知,有相当一部分妈妈认为,孩子本来就是这样"处理"内心情感的,所以她们也并没有主动探索孩子内心的想法,于是便很容易出现"妈妈认为的"和"孩子认为的"产生矛盾的情况,最常见的就是下面这样的场景:

孩子说:"妈妈,我觉得好热。"
妈妈说:"哪儿热?一点儿都不热!"
孩子说:"我就是觉得热,我想脱了外套。"
妈妈直接拒绝:"不许脱!感冒了看你怎么办!我都不觉得热,你热什么?"

妈妈自以为这是对孩子好,但这种好却是建立在自我认知上的,妈妈并没有深入了解孩子到底是怎么认为、怎么感受的。结果妈妈为孩子不理解自己而生气,而孩子呢?也同样会因为妈妈并没有知晓自己的心意而感觉妈妈离自己很远。

显然只有与孩子建立起良好的联结,才能让他产生归属感。简单来说，就是要让孩子感觉到"我和爸爸妈妈是一伙的"，心灵相通，会让孩子的安全感更加稳固。

要做好联结，可以尝试这样来做：

第一，不在第一时间表达感受，不过度询问"你怎么了"。

一些妈妈总是从成年人的角度去思考孩子身上发生的事情或者孩子的内心情绪情感，这种第一时间就表达自己感受的行为，会让孩子觉得妈妈总是在和自己对着干，他会产生不被理解的感受。

不管孩子出了什么问题，最好不要直接就询问他"你怎么了"，孩子的理由都是很直接的，但在成人看来却可能又很微不足道。而且在他情绪激动的情况下，你多半都希望他先安静下来，因此也就更容易出现从成年人角度出发的表达："别哭了""没事""再闹就不是好孩子了"……你根据孩子的答案给出的第一感觉表达，都是不准确的，也不是孩子所需要的。

所以，此时可以先抛开其他的内容，说一些"我想你确实很难过""看来你有自己的想法啊"等类似这样接纳孩子情绪的话，这会更容易联结到孩子当下的心情，也更能让他感受到妈妈对他的理解。如此，亲子间的沟通就会顺畅很多，孩子的安全感也会得到提升。

第二，结合孩子的感受积极思考，但不要盲目认同。

当孩子表达出感受之后，并不一定需要获得我们的认同，他不需要我们跟着他表达同样的感觉。比如，孩子说"我不喜欢红色"，如果你也说"确实，红色不那么好看"，这可能会让孩子得到暂时的满足，但却无法引导他产生更积极的思考。而且，你是真的觉得红色不好看吗？你是和他一样也不喜欢红色吗？其实并不是。孩子只是表达出来了他的感受，那么我们可以回应也可以了解，但并不需要不加区分地去盲目认同他。

第三，不只说"我了解"，回应要匹配孩子当时的情绪。

很多孩子出现情绪问题，妈妈都会直接说"我了解你的感受"，也不管孩子当时到底经历了什么，看见他哭就说"我知道你不好受""我知道你难过"，对于孩子来说这其实是一种敷衍的表达，孩子并不能觉得自己的感受得到了理解。

应该深入了解孩子是在什么样的场景下闹的情绪，事情是怎么发生的，出现了什么样的状况，然后根据实际情况去回应他所需要的理解。只有联结到孩子的真实感受，他才会感觉到你是真正理解了他，在心理上，他就会变得更有安全感。

第四，让自己在必要的时候也成为"孩子"。

就算是成年人了，我们的内心也还住着一个孩子，所以当孩子表达感受的时候，我们不妨也放下成年人的身份，也变成"孩子"，让自己的情感以孩子的思维程式去表达，真的跟孩子"打成一片"，这样也就可以更加贴近孩子的感受，更能理解孩子的心理与情感需要。

第五，帮助孩子与爸爸也建立情感联结。

就像前面提到的，孩子需要的是与父母双方都建立情感联结，而不是只与妈妈有联结，所以你也要经常在孩子心中"种下"爸爸的影子，让孩子与爸爸也建立如同你们彼此之间那般坚固的联结。

这就要求，你要对孩子提供关于爸爸的更多正面的信息，比如"你和爸爸一样有担当""你很棒，和爸爸一样有勇气""爸爸工作很努力，就跟你学习很用功一样"……这样，孩子积极正向的情感就会向爸爸靠拢。而且你对孩子爸爸的尊重，也会让孩子意识到妈妈和爸爸之间拥有良好的感情、良好的关系。这样，当孩子和妈妈建立起良好的内心联结之后，经过妈妈的帮助，他也可以很顺利地和爸爸建立联结。

第四章

让孩子拥有一个好性格
——三分靠天性，七分靠养成

遇到孩子脾气不好的时候，有人会说"他就是个急脾气""他天生就是个急性子""这孩子性格就这样，外向、暴躁"……这么说也有道理，也没道理。有道理的是，性格与天性确实有一定关系；没道理的是，天性并不是决定性格的全部因素。好性格，三分靠天性，七分靠养成，这是非常有道理的。我们要做的，就是情绪平和地、努力地培养孩子后天的这"七分"的性格，使其发挥更大的作用，从而让孩子拥有一个"完整"的好性格。

妈妈如果情绪不良，孩子则很难性格平和

一根绳子，打了死结，越是用力拽、用牙咬，恨不能下一秒就拆解开来，它反而打得越死，解决之道似乎只有彻底剪断。如果缓和一下，观察，顺着系紧的方向去用巧劲儿，一点点化解缠紧的力道，最终总能完好地将死结解开，解绳结的人也会成就感满满。

同样道理，妈妈与孩子之间，有着一根亲情凝结而成的紧实长线，时不时出现的问题，就好似这长线打的结。这个结与妈妈的情绪有关。

情绪具有极强的传染性，情绪不良的妈妈会让孩子也受到感染，双方彼此用力，就好比在将那个死结打得更紧，最终难以解开，母子亲情间也就多了一个小疙瘩。相反，若是妈妈的情绪不那么激烈，孩子便也不会被激烈的情绪所感染，从而让绳结两边的力道逐渐减小，小疙瘩必然能很快解开，母子亲情也会更为顺畅融洽。

虽然情绪的影响是双向的，但是对于还在成长的孩子来说，要更好地控制情绪并不容易，他很容易受到周围环境的影响，而相对于孩子的不好控制，作为成年人的妈妈理应具备更好的自我情绪掌控能力。

似乎可以得到这样一个结论：如果妈妈自己不能好好掌控情绪，养成不良的情绪表达习惯，那么孩子也将因此受到传染，在日复一日的负面影响中，孩子的性格也会逐渐偏向急躁、易怒，并慢慢向妈妈的情绪表达方式靠拢。要不了多久，妈妈就会看到一个缩小版的自己，用自己曾经用过的表达方式来"展示"他的情绪，就好像照镜子。

而受到妈妈负面情绪影响的孩子，除了用同样的方式表达情绪，更加严重的是，孩子的性格会变得越发令人难以"靠近"，就像小刺猬，逐渐张开浑身的刺，这些刺又在成长过程中逐渐变硬。这种性格又会导致他无法好好与周围人相处，一点小事就能让他变得极具攻击性，周围人对他的表现的种种回应又会促使他变得更加不愿与人交往，所以这是一个程度不断加剧的负面影响。

有的妈妈可能会说："我的孩子不是这样的，我一生气，他就会好好表现，这就是知道错的表现。没有什么事是我发一顿脾气解决不了的。"但这并不是什么值得骄傲的事情。在这种环境下成长的孩子，非常容易形成讨好型人格，他会逐渐对别人的情绪非常敏感，只要他人一变脸色，他就会先认为是自己的原因导致的。这样的孩子会变得非常能察言观色，并且不敢随意表达自己的看法、需要，而是会先以他人的反应为主，到头来自己会感到委屈；可能又会以他人的喜怒为先，反而没了自我。

要说他性格平和吗？并不是这样的，如果说前面提到的小刺猬还可以跟着妈妈的情绪表达照猫画虎地去发泄，讨好型人格的孩子就相当于是在平静外表或者说在嬉笑外表下隐藏自己的愤怒、痛苦、委屈……这种"暗藏"才是最危险的，一旦孩子再也不能维护外表的平静，沉默中的爆发才更可怕。

所以说，情绪不好的妈妈，对孩子性格的影响就是两个极端，他要么是和妈妈一样暴躁易怒，要么则是小心翼翼之下隐藏"情绪暗流"，不管哪一种显然都不是平和性格的表现。

从另一个角度来说，情绪不平和的状态下，妈妈说出来的话语内容往往都有失偏颇，对问题的判断也会错失公允，一些小问题也会被无端地放大，甚至是"上纲上线"，孩子的自我判断也会因此出现偏差，很容易出现自暴自弃的认知，会有自卑、胆小的表现。

有的妈妈可能又会说："性格原本应该是天生的，怎么可能那么轻易受到他人情绪的影响？"其实不然，年幼的孩子会将妈妈对他的评价奉为"定论"。为什么要杜绝给孩子"贴标签"的行为？就是因为妈妈的话在孩子那里总是举足轻重，妈妈的态度、想法、评价等，都会被孩子重视起来。而且孩子年龄越小，这种重视程度越重。也恰恰是同样的道理，年龄越小，越是孩子开始建立自我认知的重要时期，很多基本的认知都是从此时开始的。

事实上，妈妈是孩子成长过程中的重要参考模板，如果想培养好性格的孩子，那么就要先从妈妈的情绪控制开始入手。而且，能够控制好情绪，也是妈妈走向真正成熟的标志，所以这又回到了和孩子同步成长的道路上，孩子在丰富他的人生，你也要以良好的精神面貌，情绪平和地给予他足够的可供借鉴的人生经验。

性格决定命运，想孩子有好命运，就要让他播下好思想

有哲人曾说："思想决定行为，行为决定习惯，习惯决定性格，性格决定命运。"细细看来，这其实是一个环环相扣的影响过程，从头到尾哪个环节出了问题，都会对未来造成不可估量或不能挽回的影响。

作为这些影响的源头，思想显得极为重要。思想，我们一般称其为"观念"，是关系着一个人的行为方式和情感方式的重要体现。简单来说就是，一个人心里怎么想的，对一件事是怎样认识的，都会通过他的行为反映出来，行为长期化之后就会变为习惯，习惯的好坏会反映到性格之中，那么性格的好坏自然也就与一个人的命运息息相关了。

举个简单的例子，我们觉得东西随便乱放很不整洁，再取用时也很不方便，那么我们就会认为，干净整齐和物归原处很重要，于是就会养成整洁、规矩的好习惯，这种习惯会让我们不管学习还是工作都能做到有条理，且因为这样清晰的思路与行为，让我们取得事半功倍的办事效果和良好的成绩，而良好表现也会让我们更容易在一堆事情中抓住机会，进而实现理想或者拓展更广阔的未来。

心理学认为，性格是在生活过程中形成的，对现实的稳定态度以及与之相适应的习惯化的行为方式。这就是在告诉我们，虽然性格在一定程度上有先天性和不可改变性，但是良好的性格却离不开后天培养。而要想培养良好的性格，好的思想教育是必不可少的。

又会有人问了："性格与思想有什么关联吗？进行思想教育管用吗？"当然管用！

一个人成熟的标志，就是他能对自己的行为负责，对他人、对社会负责。而无论是哪种行为，人都应该遵循一定的道德标准。这也就是说，人

的行为要由道德和伦理来约束。那么良好的道德伦理又从哪里来呢？大家都知道，思想是可以决定行为的，所以思想就是影响行为的最大因素。也就是说，一个人要想在社会中立足，最起码要知道做人的基本准则。有了好的思想、好的道德，他的行为才是符合社会规范的，才能为人所接受。而这样的好行为如果能逐渐养成习惯，久而久之，这种习惯就能铸就一个人的性格，坚强、懦弱、开朗、内向，等等。拥有不同的性格，每个人与每个人的做事风格便会不尽相同，所以事业能否成功，爱情能否顺利，家庭能否和睦，人一生的命运也有各种各样不同的结局。

由此可见，抓住并好好培养这个良性发展的源头，是在孩子的教育过程中的关键一环。给孩子播种思想这项艰巨的任务，需要我们来做。那么，又应该怎么做呢？

第一，先对自己开展思想教育，规范自己的思想。

思想为源头，环环相扣后影响命运，这条原则适用于所有的人。如果我们一开始的认知、观念出了问题，那么我们的行为、习惯就会受到负面影响，进而在教育孩子的过程中，也势必会出现错误的思想、行为、习惯，结果不仅是我们自己的命运出问题，孩子的命运也会因此受到直接的干扰。

所以教育孩子之前，先审视自己，看看自己在一些很重要的问题上有怎样的观点，这观点是否正确，对自己的行为有怎样的影响，自己现在有没有什么不好的习惯。

要客观真实地认识自己，不要逃避自己的问题。只有建立起了正确的三观，对事情有正确的认知、有坚定的原则，那么在教育孩子的时候，自身的想法和举动就已经是一个很好的示范教材了，孩子自然会受益匪浅，甚至可以"不教而成"。

第二，随时、随地、随事开展合适的思想教育。

思想教育并没有明确的起始点，但越早越好。所以，对于孩子来说，思想教育要从小抓起，这是他养成良好性格的重要前提。

在孩子小的时候，可以为他多读或者陪他多看一些培养思想道德的书籍，比如《弟子规》。也许他并不能很深刻地理解其中的含义，但是随着年龄的增长，他就会慢慢明白这其中蕴含的做人的道理。而且，他会逐渐看懂那些文字的意思，领会文字所要传达的深意。

孩子思想意识形成的过程中，向他传递正确的思想，引导他培养正向的习惯，这有助于他更早地建立起良好的思想基础。否则，用现在网络上一种很流行的说法来说就是，"如果你不主动对孩子进行思想教育，那么早晚有一天，社会会替你来教育他"，而社会的教育对他来说则可能是沉重且严酷的。

而说到思想教育的场合，则可以选择随事而来。举个最简单的例子，给孩子买了好吃的橘子，结果他随手就把剥下来的皮丢在了地上，趁此机会就可以引导孩子回忆老师和父母教导过的内容，帮助他确立"不能随地乱丢垃圾，保护环境清洁，尊重他人劳动成果"的正确思想。合适的思想教育都是在当下合适的时机中随时展开的。

第三，思想一定要反映到行动中来，让孩子用身体去记住。

我们需要给孩子讲明白道理，利用读书的机会、做游戏的机会，把那些需要他理解认知的人生道理都讲给他听，要让他首先能意识到这些道理是重要的，对他而言是有用的。

但孩子的理解能力并没有那么强，或者说一遍他当时可以记住，但是因为是纯口头的表达，他的记忆不会那么深刻，可能过后就会忘记。最能让孩子对某些思想留住印象的只有行为，用他自己的身体，用亲身经历去记住他都经历了什么，感受是怎样的，爸爸妈妈对他的行为又有怎样的评价，有了这些亲身体验，他才会对那些道理有更深刻的理解，这样的记忆才更为牢靠，直至成为一种不需要过多考虑的身体本能行为。

第四，培养孩子的君子圣贤人格，哪怕朝这个方向努力也好。

需要指出的是，"性格"属于比较通俗、比较迎合大众习惯的说法，"性格"与"人格类型"基本等同，如可以说"每个人都有不同的人格类型"或"每个人都有不同的性格"。

为了让孩子的性格变得更好，更升华一级，我们就应该从中国传统文化中汲取更多的智慧。中国传统文化中的人格分类与西方截然不同，因为中西方属于不同的文化体系，中国自古以来都特别重视人的修养与熏陶，所以，也就形成了独特的人格理论。比如，把人格分为庸人人格、士人人格、君子人格、贤人人格、圣人人格，与我们现在所熟悉的人格或性格是完全不同的，但这的确是中国古人的智慧所在。

庸人，胸无大志，目光短浅，不识大局，随波逐流；士人，心有所定，计有所守，行善德美，贵在自知；君子，言必忠信，仁义在身，通情达理，自强不息；贤人，德不逾闲，行中规绳，化民成俗，恩施天下；圣人，德合天地，变通无穷，化行若神，泽被万世。

从庸人到士人，再到君子、贤人、圣人，是步步上升的，显示了中国古人对崇高人格的追求，在这样的人格体系引领下，似乎就不会遇到各种各样的心理问题。因为真理是不变的，从古至今，这就是中国人应有的追求。

可见，中国传统的人格划分似乎有自己鲜明的特点。无论哪种人格，都是要注重修身的，都要累积对人性、天道的认识，都要加强是非道德的价值判断，让自己的人格处于一种上升的动态变化之中，而不是故步自封、一点不变的，如此才能实现由庸人到君子圣贤的提升，从而彰显人的本性，实现人生价值。为人母者，理应如此，步步提升，履行自己在人伦社会中的职责、功能，最终让自己达成天人合一的境界，成就心灵的完全解放与自由。

如果我们能深刻理解这段话，并能把这些圣贤的智慧运用到自己的成长与孩子的培养中去，相信自己和孩子的人生一定可以发生质的改变。由此也会体悟到中华文化的伟大与精妙，从而用心学习与践行中华文化的教诲，并受益终身。

培养孩子的好性格，请给孩子一个合理的期待

就个人感受而言，什么样的性格算是好性格？无非就是开朗大方，遇到事不急躁，对自己能有真实的认识，谦逊坚定，诚恳且敢于突破自我，不做作，对他人有礼有节……

仔细想一下，这样的人是不是会给你带来很舒服的感觉？你是不是也期待孩子拥有这样的好性格？

那么，这个期待对于孩子来说是不是合理的呢？评判的准则并不在我们这里，而是在孩子那里。因为性格的养成并非一朝一夕，孩子成长的过程中会出现各种各样的变数，任何变数都可能影响到孩子的性格养成，如果只是急躁地、固执地要求孩子性格一定要好，因为他没有按照你的要求去做就闹情绪，那么这个期待就是过分的、不合理的。

性格对于孩子命运的影响是不言而喻的。所以，应该怎么样让这个期待变得对于孩子来说很合理？而我们的教育过程又如何能合理地将期待的合理性表现出来？就是需要值得认真思考的问题了。

第一，不着急，给孩子成长的时间。

再怎么着急，孩子的成长也不可能一蹴而就，所以着急不得，但同时

也放缓不得。

  这其实需要对孩子进行仔细观察。不同的孩子拥有不同的成长时间线，不能一概而论，单就出牙、开口说话这样的最基本的表现和技能，孩子的快慢程度都不一样。所以不要盲目地自己先释放期待，否则当看到孩子的表现并不如自己的期待时，普通人肯定都会感觉失落。倒不如一步步跟着孩子的成长去看，根据他的能力进行合理的预期，如此一来我们的内心也会更为放松，不会出现紧张、急躁的情绪，孩子自然也会在更为轻松的环境下成长，并能自由地按照自己的成长规律去发展。

  第二，放弃吹毛求疵的教育方式。

  在相当一部分人的认知中，对孩子吹毛求疵是教育的一种"基本工具"，不可放弃。

  在某些情况下，比如对一些粗心而又"雄心勃勃"的孩子，如果要求得更严格细致一些，会让他变得更加踏实，并能够激发他的雄心壮志。但是，更多的孩子却会因为妈妈频繁的"挑刺"行为而丧失信心，失去兴趣，变得颓废，甚至会立刻放弃努力。

  吹毛求疵的原因，是我们内心的期待过高，盲目追求那个臆想出来的、却不容易实现的完美状态，结果过高的期待反而会破坏孩子原本自我坚持的平衡与动力。

  多看到孩子做得到的、做完的、做得好的地方吧，把吹毛求疵的话语表达变成一种偶尔为之的指导，"我觉得你最近的字写得不算认真啊，好好写，老师看得清，自己也看着舒服才好嘛，试试看。"一句平静的、带着期待的提示，对孩子来说反而是一种正向有效的激励。

  第三，正确看待别人家孩子的优秀。

  高期待的来源除了我们自己对完美的追求，还有一个重要的源头，那就是"别人家的孩子"。

但别人家的终究是别人家的,我们要面对的还是自家的这个真实存在的孩子。就算邻居的孩子每次考试都考满分,那也是人家的孩子所具有的特点,不会因为你反复拿孩子们彼此比较,他的优点就"移植"到我们自己孩子身上。

他人的优秀只是一个参考,但他的成绩并不是标杆,他的努力精神、敢拼精神,才值得学习。孩子到底要怎样成长,还是要根据自己的规律来,能力怎样,偏好在哪里,有什么特殊的才能,只有认真观察自己的孩子,才能制定出更适合他的奋斗标准线。

第四,接纳并尊重孩子的平凡。

为什么一定要对孩子有高期待?因为我们不甘心他平凡。

一位大学生向一位著名教授提了一个问题:"我们这些人其实都生活在对平凡的恐惧之中,请问这个恐惧是怎么来的?"教授回答说:"本来每个人都平凡,但为什么我们今天对平凡有恐惧?好像平凡是耻辱的?几十年前的人都平凡,大家没有恐惧,因为觉得做一个平凡的人特别自在。今天却对平凡恐惧了,说明这个东西不是本来就有的,是被强加的,是被'发明'出来的,然后教育我们说'不能平凡',所以就对平凡产生了恐惧,觉得自己如果平凡,那就白活了……如果把这个社会的成功看成出人头地,是对金钱的占有,认为是人生唯一目的的话,那么平凡就变成一个非常可笑的耻辱,而且劳动也被认为是一个低人一等的价值。"细细琢磨,难道不是这样吗?

事实也的确如此,平凡并没有错,有人如红花绽放,也势必会有人似绿叶相陪。如果我们非要去期待原本做绿叶做得很开心的孩子成为红花,这可能会违背他的本心,因为他原本并不想上前,也可能会让他"做无米之炊",因为他完全没有这个能力,还可能会让孩子变得压力巨大,而我们则会变得焦虑不堪。

所以,不要给自己找烦恼,我们要培养的是孩子的人格、素养,是更深层次的心灵成长,不去过分地追求出人头地,甚至是金钱所带来的富有。这样的话,我们自己的生活态度也会变得柔和很多,情绪也会更容易平复下来,因为接纳平凡,会让自己更容易获得心理满足。

密切自己与孩子的关系,也鼓励他积极地与人交往

在最初时,孩子都会与妈妈亲近,并无条件信任这个带给他生命的人,对于其他人,他可能会保持一定的距离。但随着成长,有些妈妈的坏情绪却在不知不觉中将孩子推得越来越远,孩子从妈妈这里无法感受亲密,而他与他人的关系也会走向两个极端,要么是盲目信任任何一个可以给他温暖、让他感受亲密的人,要么就是冷漠地拒绝所有人,因为"妈妈都不能让我感到亲密,外人又算什么?"不论哪一种孩子,其性格都在向扭曲的方向发展。

可见,妈妈的坏情绪就如北风,越吹越让孩子感觉冷,他裹紧自己以躲避风寒,并希望逃离风口。只有如暖阳般的好情绪,才能让孩子与自己的关系密切起来。

一位爸爸在社交软件上发了一段自己与两个女儿的对话:

大女儿问他:"爸爸,您明天休假吗?"

他给出肯定回答。

二女儿说:"真好。"

爸爸问:"很开心吗?"两个女儿非常肯定。

他问:"为什么啊?"

二女儿说:"因为可以和爸爸追着跑玩儿啊!"

大女儿说:"和爸爸一起玩儿超级开心!"

这位爸爸说,自己小时候,如果爸爸不在家才会很开心。而现在,他放假在家却会使孩子们开心。

其实妈妈与爸爸也是一样的,孩子更愿意亲近"愿意与他们亲近"的妈妈,而能让孩子开心起来的妈妈,势必会是拥有好情绪的妈妈。

所以,若要与孩子保持亲密,就不妨先从稳定情绪开始,这样孩子的性格培养也会随之受到正面的影响。

第一,以稳定的情绪面对各种事,以愉悦的情绪回应孩子的快乐。

坏情绪是将孩子推开的最直接的工具,所以至少应该先从"不把孩子从身边推开"开始努力。没有什么事是必须要用坏情绪去应对的,越是心态平稳,越能解决问题。而且,只要你不释放坏情绪,包括孩子在内的所有家人都会感觉轻松许多。

当孩子想和你分享他的快乐时,尝试着空出自己当时的思绪,只关注孩子说的事,配合他的情绪予以回应。当然如果你感觉实在很难过,也可以告诉孩子:"我知道你很高兴,但是妈妈现在觉得不太好,稍等一下好吗?"给自己一段平复情绪的时间,然后再尝试转换思绪,关注孩子的做法。这样一来,孩子也会依旧保持他原有的开朗性格,而不会因为总去关注妈妈的情绪变得焦虑起来。

第二,不总是指责孩子,学会用巧妙的方法化解问题。

有的妈妈总是表现得很严苛,巴不得孩子一丁点错误都不犯,生活中也就指责不断,这会让孩子感到沮丧。

孩子有问题不假,但如果总是严厉指责,孩子也会变得压抑起来,毕竟再开朗的人也架不住总是被批评。作为成年人，理应有更理智的想法，多思考，多尝试，选择更巧妙的方法去化解问题，让孩子既意识到了自己需要进步，同时也让他从你这里学到了解决问题的方法，感觉到你对他的支持与鼓励，这才是有智慧的体现。

第三，不用亲密关系绑架孩子的自由，有空间才是真亲密。

亲密关系并不是靠妈妈"要"来的，如果孩子与你不够亲密，先自查原因才对。而且，随着成长，孩子会开始需要拥有自己的独立空间，你也要认识到这一点，并允许他独处。

其实综合来看，还是情绪的原因最为主要，情绪左右了你的思想与行为，致使你所表现出来的言行让孩子不能主动亲近。而当你缓和了情绪，改善了自己的心境之后，与孩子的相处自然也会变得融洽起来。

第四，鼓励孩子建立更多良好的友谊，进一步塑造良好性格。

当孩子与妈妈建立起良好的亲密关系之后，妈妈还要把他推向更广阔的社会中去，良好的交往经历会丰富孩子的视野与阅历，从而完善他的性格发展。如果说与妈妈建立亲密关系是为孩子良好性格的建立打基础，那么与更多的人建立良好关系，则是在帮助他不断完善和塑造良好性格。

所以，不妨利用已经与孩子建立起来的亲密关系，多倾听孩子的心声，多鼓励、欣赏孩子，给他讲讲你的交往经验，并对他在交往中遇到的问题给出良好的建议和意见。不过要注意的是不能擅自插手孩子的交友（交损友除外），要给予他足够的尊重。

培养孩子积极乐观的生活态度，不悲观、不消极

没有人喜欢消极悲观，但这种性格会变化成一种内心本能，遇到事情之后会促使人忍不住从不好的方面考虑。举个例子来说，打开电视，忽然发现了喜欢看的动画片，但已经演过去了一半，积极的孩子会说："啊，太好了，还有一半内容可以看！"而消极的孩子已经开始悲观了："啧，怎么就没早点打开看呢？少看一半真郁闷！"

之所以会有这样的不同的表现，原因其实与孩子背后的家庭有很大的关系。积极乐观的家庭一定会培养出一个积极乐观的孩子，而消极悲观的家庭多半也很容易走出一个消极悲观的孩子。在一个家庭环境的建造过程中，妈妈的情绪所带来的影响是左右家中环境的重中之重的因素。在面对各种事情的时候，妈妈的态度将直接左右孩子是否能够形成良好的性格。

所以，能够发挥如此重要作用的妈妈，应一边改变自我，一边培养孩子，双管齐下，才能让自己、让孩子乃至于让整个家庭走向幸福生活。

首先，让家中的气氛活跃起来。

作为妈妈，你实际上掌握着家中活力的源头，所以家庭能不能拥有一个良好的氛围，重点是看妈妈活跃气氛的能力。

这里所说的"活跃气氛"包括两个方面：一方面妈妈自己要能够调节情绪，不要成为那个主动制造消极气氛的源头；另一方面妈妈要能敏锐地察觉到家中其他成员的消极情绪，并能有效地缓解不良气氛，让家庭重新恢复快乐。

作为女性，妈妈总习惯于称呼自己为家庭的"女主人"，这是有道理的。既然是主人，就一定要在关键时候拿出主人的魄力，依靠自己的努

力，来让家中保持欢乐。

其次，用积极反馈引导孩子走出悲观与消极。

孩子并没有太多处理消极悲观情绪的经验，因此妈妈对他情绪的积极反馈，往往能给他带去意想不到的效果。

比如，下面这位妈妈的做法就很值得思考：

5岁的孩子性子急躁，比较容易发脾气。起先妈妈每次都吼孩子："你不能这么暴躁！""你怎么能对妈妈发脾气？"……结果她和孩子都越来越生气，甚至难以自控，无法收场。

后来，妈妈从幼儿园老师那里学到了一个小妙招。

当孩子又一次发脾气的时候，妈妈很平静地说："我希望你能用你最好听的声音把刚才想说的事情再说一遍。"孩子的火暴脾气好像碰上了软棉花，缓和了一会儿，他也没那么急躁了，这回好好地和妈妈说了话。

面对孩子的消极悲观时，你越是积极的反馈，越能帮助他平静心情，并尽快走出阴霾，这才是管教过程中的有效沟通。

我们在强调积极一面的同时，不仅是在将自己的注意力和着重点转移到那些我们希望见到的好的言行之上，也是在让孩子随之转移注意力。而当我们将重心放在"积极"之上的时候，孩子也会理解并有所感受，他可以因此而做出明智的决策，在这种较为稳定而积极向上的态度上学会并逐渐掌握良好的自控。

再次，和孩子一起试着"难得糊涂"。

有时候消极悲观的态度会导致人钻牛角尖，一些原本很小的不舒适反而因为这种"执迷不悟"被放大成了难以逾越的深渊。

比如，有的孩子因为和同学闹矛盾而自己好几天不高兴，但其真实原因可能就只是同学说孩子新买的笔袋不好看。而如果妈妈也跟着悲观消极的话，就会就此开始烦恼孩子的人际关系问题，甚至考虑孩子是不是有什么问题而不能与人好好相处。

实际上就这么一件小事，换个思路想想，孩子可以把它看做"不同人的不同审美观点"，妈妈则完全能将孩子之间的问题理解为"只需要孩子自己解决的问题"，不用对这样的矛盾太过上心，不需要考虑得太复杂，一切就都好办了。

"难得糊涂"是处世的大哲学，非原则性的问题不用过分计较，凡是有要求必定会有反抗，所以不要强求他人，凡事最好不要太较真，保持住自己的底线原则，学会包容，学会收放，学会守拙，修身养性……如此，自然也就不会因为斤斤计较而让自己不愉快了。

最后，接纳孩子表现出来的积极乐观。

很多孩子原本是积极乐观的，比如有的孩子即便考试失败了也乐呵呵的，不好意思地说"下次我继续努力"，此时某些妈妈就可能训斥孩子说："你还有脸笑！""你永远都说'下次'！"……由此开始不停地训斥指责孩子，并对他的未来表现出无尽的担忧。

还有一种情况，是妈妈自己有了烦恼，孩子过来乐观地安慰，妈妈却反认为，"我都这么难过了，你还说这样的话，你就是不知道心疼妈妈。"如果孩子知道自己的一番好意被妈妈曲解成这样，孩子该多难过！

有时候，我们反倒应该庆幸孩子自己是可以积极乐观起来的，我们要做的就是接纳他的这种表现，了解他，给他正向的建议，鼓励他。如果是针对我们的积极乐观，那就用心去体会孩子想把他的乐观传递过来的心情，从而慢慢从自己难过的情绪中走出来。

第五章

提升孩子的幸福力
——引领孩子踏上幸福的人生

作为妈妈,都希望自己孩子能够过得幸福。追求幸福本就是人的天性,我们有所希望,随着成长,孩子自然也会有所期待。决定孩子是否能够走向幸福的就是他所拥有的幸福力。所以,为了实现孩子的幸福人生,我们也要为了提升孩子的幸福力,让他拥有幸福的人生而付出努力。当然,这个过程,也离不开妈妈稳定的好情绪。

想成为幸福的人?但愿你首先学会吃得起苦

孟子曾说:"天将降大任于斯人也,必先苦其心志,劳其筋骨,饿其体肤,空乏其身,行拂乱其所为,所以动心忍性,曾益其所不能。"这是讲人要担当大任前需要经历的苦难,这些苦难都是必经的,正所谓"吃得苦中苦,方为人上人"。

俄国著名作家屠格涅夫也曾说:"你想成为幸福的人吗?但愿你首先学会吃得起苦。"说的也是一样的道理。

从成年人的角度来看,我们应该可以理解这样的道理,然而当面对孩子的时候,我们却会忍不住将这样的道理抛在脑后。很多人都会这样讲,

"我要让我的孩子幸福""我要给孩子幸福"……他们将"幸福"看成了可以随意送出的物品,错误地认为自己的加倍努力可以换来孩子的幸福。

但实际上,"被给予"的幸福,并不是真的幸福。

就比如解答一道难题,你直接告诉孩子答案,与鼓励孩子自己认真思考想出答案,二者给孩子带来的感受是完全不同的。你直接告诉的答案,是外来的,被直接灌输进去的内容,孩子可能会记住但也有很大可能记不住;但如果是孩子自己认真思考获得的答案,怎么想的、怎么做的、怎么演进的解题全过程,全都是他自己的记忆,是他自己的经验,日后无论如何都很难忘掉,仅仅是这种成果的收获所带来的幸福感就已经会让孩子感到满足了,再加上自己努力战胜困难的成就感,会让孩子的自我满足感更进一层。

所以,对于想看见孩子获得幸福的我们和想获得幸福的孩子来说,只有他自己愿意吃这个苦,并能吃得起苦,才能迎来真正的幸福。

吃得起苦,意味着要有愿意努力的意识并真的付出努力。

吃苦不是口头说说就算了,也不是只在心里想想就算了,吃得起苦,意味着要付出足够的努力,且还要真正发自内心地付出努力。

所以,教育孩子首先要有勇气去面对人生的这样一种发展趋势,即想获得幸福,不能单纯地依靠别人,一定要有自己想做点什么的意识。端正了态度,接下来才能更好地为自己努力。也就是说,正确的思想引导正确的行动,而真正付诸实施的行动,才能反映真正的思想。

吃得起苦,就是孩子要从思想到行动上都表现出愿意努力的意识,将想法变成实际的行为,并且脚踏实地一步步向前。

吃得起苦,意味着要能承受得了各种各样的负面内容。

失败、挫折、落后、难过、委屈、沮丧……追求幸福的道路上,不会永远一帆风顺，肯定会有各种各样负面的东西闯进孩子的生活，如果不能承受这些东西，那么就意味着孩子将"苦"隔绝在了他的生活之外。然而，除了努力过程中要经历的漫长、缓慢的前进，一路的荆棘才是成长道路上最常见的风景。

现在很多孩子吃不了苦，往往就是因为他们不能正确面对这些负面的东西，一次考试失利就能让孩子沮丧、失眠、暴躁甚至做出过激行为，足见孩子的内心承受能力有多么差劲。导致孩子出现这种现状的一个重要原因，其实还要归结到我们身上来。

从我们的角度出发，应该向孩子展示一种正常的生活，即生活中会有满足，也会有不满足；会有可以轻易做到的事情，也会有做不到的事情；会有能够轻松得到的东西，也会有得不到的东西……孩子越早经历这种"不完美"的生活，他对生活的感受才会越真实，才能将失败、挫折、落后、委屈、沮丧等经历当成是正常的，并努力去战胜这些困难继续向前行。

吃得起苦，意味着不给自己找任何借口。
你对下面的这些借口熟悉吗？

- "离考试还早，我不想这么累，下个月再开始复习也不晚。"
- "我觉得我有点不舒服，所以不想去跑步了，体育考试到时候再说。"
- "这题太难了，以我的能力肯定做不出来，还是等老师讲吧。"
- "作业这么多，我怎么做得完？抄抄别人的，或者让妈妈帮我做好了。"
- ……

不想做某件事的时候，可以找出各种各样的理由来，孩子也一样。

找个借口拖延一下，偶尔为之也许构不成什么太大的威胁，可一旦形成了习惯，孩子就会因此养成拖拉的坏习惯，不仅办事拖拉，内心也会对做各种事情失去兴趣和上进的激情，进而他会不希望遇到任何困难，这无疑会让他渐渐变得不能吃一点苦。

孩子想要找借口的时候，我们也要注意看看背后的真正原因。如果是实在太累了，允许他休息一下，如果他的确是在偷懒，那就坚持原则，不给孩子任何可降低容忍底线的机会，让他逐渐意识到，有些事就是需要他坚持不懈才行，不是所有事情都可以有商量的余地。

不学礼，无以立
——教孩子从小就知礼、学礼、行礼

懂礼意味着孩子可以得体地处理人际关系，具备一定的规则意识，而良好的人际交往与有原则的规则生活是一个人在社会行走最大的保障。

但是，有人认为，"礼"是一个很边缘化的东西，就是一种"可有可无"的存在，较强的能力、更多的知识才显得更重要一些。

于是，生活中便经常见到下面这样的场景：

场景一：

几个去上课的孩子跑上公交车，他们在公交车上大声喧哗，每人霸占一个座位，吃零食，互相打闹，看见有需要座位的人，孩子赶紧低头装看不见。一路上他们调侃着老师，给老师起外号，说着能逃避妈妈检查作业的方法，并互相交换如何抄作业的"秘籍"。

场景二：

饭馆吃完饭，起身离开时孩子碰掉了桌边上的筷子，他低头要去捡，妈妈连声说："别捡！别捡！你上课要迟到了，管那么多闲事干什么？快走了！"孩子被妈妈硬拽着离开，边走边说："你现在就专心学习，别的事长大以后再做也不迟。"孩子听得倒是认真，也跟着点头，表示记住了妈妈说的话。

当孩子不懂礼或者说不在乎礼的时候，他的一切言行就都没有了约束。比如，场景一中的孩子，表现得肆无忌惮，可他们真正要去做的事情却又那么"正式"，但带着这种无礼的态度，让人很难确定孩子学习的态度是认真的。场景二中的妈妈所作的错误的"传承"，却正在把"礼"一点一点从孩子内心剥离，这则是更可怕的。

礼，当为立身之本。《论语·季氏》中讲到孔子教育自己的儿子孔鲤，有两句最有分量的提醒，其一是"不学诗，无以言"，其二便是"不学礼，无以立"。尤其是第二句，朱熹大学士对其的解释是，"学礼则品节详明，而德性坚定，故能立"，正所谓，"恭俭庄敬，礼教也"。在《孔子家语》中，孔子对子张、子贡、言游三人讲述"礼"也曾感叹，"礼乎！夫礼，所以制中也。"意思就是"礼啊！礼可以使一切恰到好处。"

孔子对"礼"的重视是毋庸置疑的，而他自己也是这方面的典范楷模。正因如此，重礼懂礼的孔子才有了如此多的思想感悟，才有了如此广的学识体会，才能成为千百年来为人所敬仰的圣人。

放在如今的时代来看，其实人们都不喜欢不懂礼的人，遇到不懂礼的孩子，人们不仅会觉得孩子的表现很令人生气，同时也会指责孩子背后的父母。

因此，在"礼"这方面的教育，应该是一刻都不能放松的，越早开始

"礼"的教育,孩子越早从中受益。

知礼——懂礼的前提。

孩童时期,天性自然,这时开始"礼"的教育,孩子会像接收其他知识内容一样,毫无反感、毫不犹豫地全盘接纳,所以从一开始向孩子所展示的、所讲述的、所表现的,都要在合乎"礼"的范围之内。

当我们屡屡向他讲述"礼"的一切,这些内容就会逐渐深入他的思想,让他产生"理所当然"的认知,也就是相当于在为他建立一个根正苗红的成长基础。

另外,我们自身的行为示范也很重要。有时候幼儿园或者学校也会有这样的教育,我们就需要做到家园、家校共育,保证孩子自始至终都生活在"礼"的世界里,并逐渐意识到"礼"才是正常的社会发展基本原则。

学礼——懂礼的过程。

"礼"涉及的方面非常多,孝道、悌道、长幼有别、长幼有序……这是家庭中需要遵循的礼;诚实守信、有公德心、尊老爱幼,勇敢而又有原则,遵守公共秩序……这是社会上需要遵循的礼;尊师重道、团结友爱、乐于助人,好好学习、有责任心、尽好自己的义务……这是校园里需要遵循的礼;尊重、互助、诚信、善良……这是朋友之间需要遵循的礼;等等。对于中国人来说,"礼"贯穿于我们生命的始终,渗透在我们生活的方方面面。

所以,说到引导孩子学礼,我们就要兼顾到这方方面面,在对应的场合、时刻,引导孩子认识、学习相应的礼节。在这方面,还是要延续之前自己的良好示范作用,拒绝"教孩子一套,自己表现一套",拒绝"大人可以这样做,小孩子不行"的错误引导。

《弟子规》《三字经》《童蒙须知》《童子礼》《小儿语》等童蒙养

正类传统经典内容是可以参考的,结合当下孩子的实际、社会的需要,让孩子在"礼"的学习方面能够实现主动,并保持足够的学习热情。

行礼——懂礼的践行。

现在很多孩子会有言行不一致的情况,比如你问他:"知道见人要好好打招呼吗?"他多半会回答:"知道。"但至于做不做,那就另说了。孩子显然是将"礼"看成了和需要考试的其他知识一样,只是简单地背过了就完了。

在行礼方面,也要注意验收,督促孩子养成良好的行礼习惯,该正规行礼的地方绝对不能敷衍,要提醒他时刻记住以礼待人,时刻记住公德在心,时刻不忘孝老尊亲,时刻牢记国家大义,只有这样孩子在"礼"的表现上才会自然。

教孩子学会自我管理
——孩子自觉你省心

会自我管理的人,可以把自己的生活、学习、工作安排得井井有条,既不会出现有事做不完的情况,也不会因为突发事件而手忙脚乱;会自我管理的人,能够自觉完成自己应该做的事情,会努力把它做好,而且还会有余力并乐于挑战自我,让自己的人生变得更精彩;会自我管理的人,生活总是充满了活力,因为活在自己主导的世界之中,所以身心会感觉更自由爽快,能够时不时享受到自己给自己带来的成就与快乐。

如果孩子也能学会这样管理自我,自觉主动地过自己的生活,相信我们自己也会省心很多。

教孩子学习自我管理,需要从我们自身和孩子本身两方面出发。

对于我们自身来说，要注意这样几点：

第一，少建议，不命令。

培养孩子自我管理的第一个要点，就是不总是给出命令和要求。人都是有惰性的，如果频繁地被发号施令，他会在内心产生一种莫名的依赖感，慢慢就变成了"你说我才动"的样子，习惯了在命令之下才行动的生活模式，他自然没有自我主动性。

既然是培养孩子的自我管理，那我们就应该将自我意识调整到"孩子是有主动性的"这样的认知上来。逐渐减少直至不再用命令的口吻去要求孩子做什么或者不做什么，只要最基本的原则没有问题，只要我们最开始已经教过孩子并且他也已经学会了技能，那么我们就要信任他。

另外，生活中让孩子体验一下教训也是一件好事，所以在基本原则没有问题的基础上，不要过多建议我们自认为对的东西，除非像"不能玩火""不能插插座的孔"等这样很严肃的建议，否则，还是可以给孩子一些自由选择权的。

第二，放宽心，放开手。

孩子能不能做到自我管理，其实主要还是要看我们是不是愿意放开手让他自己去管理自己。如果我们总是紧张他做不到，那么孩子也就永远不可能学得会自我管理。

孩子势必要自己独立，学会自我管理，所以我们也要逐渐转变看法，以一种积极的态度去看待孩子的成长需求。

在孩子自己能做的事情上，要放开手，允许他自己去做，做不到就多教几遍，做错了就多加练习，任何技能都是熟能生巧的，孩子对各项生活技能的学习也是如此。

放宽心是最重要的。孩子只要有练习的空间，他就能尽快表现得更好一些。而练习的过程注定不会一帆风顺，所以，我们要耐得住性子、脾气，丢掉对完美的追求，接纳孩子的不完美，一切都会自然舒服得多。

第三，做自己，成榜样。

孩子有了管理自己的需求，并开始为了更好地掌控自己而不断努力，我们应该做什么呢？除了对孩子的精力投入，我们一定要有自己的生活，好好做自己的事情，给自己找些兴趣来，让自己的生活也充实起来。

更重要的是，我们要表现出自我管理的榜样行为来，不是故意做给孩子看，而是真的源自自身的良好习惯表现。也不要说得过多，行为要比言语管用得多，正所谓"言教者讼，身教者从"。

在教孩子学习自我管理的过程中，可以这样来做：

第一，尽早教孩子掌握各种基本技能。

欲行其事，必有其能，孩子若想自我掌控，必须要掌握更多的基本技能。生活技能、学习技能、交往技能，等等，都要一项一项教给孩子，让他在理论和实践相结合的教育之下，掌握技能，从而能熟练地处理与自己有关的各种事务。

不要把年龄小当成借口来阻止孩子学习如何生活。5岁的孩子会打理自己的头发和衣服吗？没问题的，一头长发编出漂亮的小辫子，自己搭配衣服，自己清洗衣服，只要你肯教，孩子就能学会。6岁的孩子能做饭吗？可以的，类似的新闻也屡见报端，只要教会他防火防煤气防刀剪伤害，教会他处理食材，他一样可以做出可口的饭菜。

我们的确需要考虑孩子的能力问题，但这种考虑却应该是看孩子自己的能力，而不是孩子那个年龄段的"世俗约束"，如果他能做，也想做，为什么不教给他、不让他做？何必放着他完全能够被开发的潜能而白白浪费呢？

第二，培养孩子的自律性。

自律性是自我管理最重要的条件，拥有自律性的孩子已经可以进行自我管理了。

教孩子学习自我管理，时间表、计划表这样的东西非常有必要，它可以帮助培养孩子的自律性。在学习、做事这些方面，都可以教孩子学会列时间表、计划表，让他能按部就班地进行各项事项。

除了这种明面上的自律性培养，还要提醒孩子学会自我监督，规矩、原则、道理都是孩子行为的约束底线，要让孩子时刻牢记这些原则内容，使之能自觉地不去触碰这些底线。

第三，引导孩子积极进行自我思考。

自我管理是一生都有用的内容，他需要自己思考，并随着成长来判断自己还需要增加怎样的学习，增加怎样的技能，并产生更深刻的思想。

所以，随着孩子的成长，我们也要注意孩子思想方面的变化，引导他积极地进行自我思考。需要注意的是，不能将自己的想法强硬地加诸孩子内心，尤其是错误的情绪表达方式，以及对于某些问题偏激的看法，避免它成为左右孩子思想的障碍。因此在这方面，我们也要格外注意，毕竟思想方面的影响一旦形成，往往就很难扭转。

福田心耕
——教孩子种好自己的福田，懂得惜福、培福

每个人都想有福气，只不过有的人福气多，有的人福气少；有人很小就享福，有人一直到老都辛酸；有人先苦后甜，有人先甜后苦。很多人会去祈福，但福气是求不来，而是换来的，用什么换？用真心换。福田是需

要用心耕耘的,首先要撒下种子,然后要除草,要耐心浇水、施肥,也就是要从心底下功夫,要从根本上去努力,这样才可能在未来有所收获。

人的福气来自自身,自身能量有多大,付出有多大,获得的福气就有多大。所以,若想有福气,就要努力让自己有所改变,通过不断学习提升自我,培养德行,培养善心,不以善小而不为,不以恶小而为之……

这些事其实都不算大,因为只要认真细心多上心,就都能做到。一个善念、善心、善行,都会给自己带来福气。但同时,这些事也并不能说是小事,不管哪一点没注意或者没做到,或者背道而驰了,都有可能由少积多,恶越来越多,福都被恶抵消了,到了收获季节,可就是两手空空了。就如《周易》所言:"积善之家必有余庆,积不善之家必有余殃。""善不积不足以成名,恶不积不足以灭身。"所以,要想人生幸福,就得积善,而不要积恶。

所以,要想孩子人生幸福,就得教他种下"善因",就得教他学会耕种自己的福田。人生有三大福田:一是报恩福田,又称"恩田";二是恭敬福田,又称"敬田";三是慈悲福田,又称"悲田"。"田"的意思,就是可以生长,让这块"田地"长出福气来的地方。

恩田:懂得知恩报恩。

古人讲,"滴水之恩,当涌泉相报",这就是提醒人们要有感恩心,拥有感恩心的人是有福气的。因为每个生命都不是独立存在的个体,彼此需要相互依存才能继续前行,所以每个人都本应该怀有一颗感恩心。

父母之恩——所有恩情中最重、最大的一份情。父母是生命的赐予者和人生的引导者,也是这个世界上"唯二"的不会嫌弃我们、会全心全意对待我们且毫无怨言的人。对于每个人来说,父母付出了无数的关心、爱心,一点一滴才汇聚成我们如今的生命状态,只有真心感恩,才对得起父母如此长久的付出。

老师之恩——如果说父母给予的是身体的、有形的生命，那么老师给予的就是不可替代的、无形的智慧，正如西汉辞赋家扬雄所言，"师哉，师哉，桐子之命也"，老师啊老师，你是给孩子立命的啊。父母给孩子生命，老师给孩子慧命——智慧的生命，教孩子掌握技能，提升思想，明理懂事。正因为教育之恩重如山，所以古人才讲，"一日为师，终身为父"，尤其那些"传道、授业、解惑"的好老师，是值得终生学习与敬仰的。

众生之恩——你永远不知道自己会在什么时候、什么场合下因为什么事情而受到什么人怎样的恩惠，我们一路成长，要生存下去就要吃喝住行，这期间大自然又赐予了我们怎样的财富也是无法计数清楚的。所以，对于他人，对于自然，也一样要心怀感恩。

敬田：礼敬圣贤智慧。

我们之所以能明礼又明理，与祖先的智慧是分不开的。古圣先贤的教诲引领了一代又一代中国人诚意、正心、修身、齐家、治国、平天下。而今我们的成长发展同样离不开古圣先贤的智慧，所以要很恭敬地去学习圣贤教诲，弘扬圣贤智慧，感恩、礼敬先人给我们留下的珍贵遗产，并且按照圣贤智慧的指引，恭敬地做到、做好，并将这些智慧继续传承下去。

悲田：关怀弱势群体。

悲田讲求的是人要有慈悲之心，要有为他人着想的心量，心量大就有福，这就是"悲田"。也就是人要有悲悯之心，对人世间的苦难能够感同身受，不轻视那些经历苦难的人，这是一种博大的爱。

从这样的解释来看，若想孩子获得幸福，他一定要"做一个好人"，要懂得珍惜自己已经得到的，并能努力培养自己去获取更多的。孩子需要种好自己的"福田",认真播种,用心耕耘,才可能在未来有所收获。

那么,这个"田"应该怎样种呢?

首先,教孩子学会感恩。

现在的很多孩子并不知道感恩,父母、老师、他人为他做了任何事,他都觉得是理所当然的。所以关于感恩的教育就要从一开始让孩子丢掉"可以随意享受"的想法。

关于感恩父母,可以从自身的言行来进行直接教育,我们做到了对自己的父母感恩,孩子也会耳濡目染。对待老师,也要表现出尊敬来。我们对老师的态度会直接影响孩子对老师的态度,同时也要教孩子应该怎样对老师表达尊敬。

对他人,尤其是给予我们服务、帮助的人,如小区保安、服务生、保洁员、快递员、外卖小哥、给我们让座让路的人等,一定要引导孩子及时表达谢意。另外,也要提醒孩子时刻记得保持谦逊的态度,尊重他人的劳动成果,因为这也会影响孩子感恩心的表达。

其次,引领孩子正确认识圣贤智慧。

对待圣贤智慧,要提醒孩子有恭敬之心,要带着敬意去认真学习并体悟中华传统文化,除了诵读经典,也要鼓励并引导孩子把圣贤经典的教诲落实到实际生活与学习之中,也就是说要学以致用,学贵力行。

有一点很重要,就是引导孩子自己重视并自愿去记住、执行圣贤教诲,但不要让孩子将其当成评判他人的标准。比如,有的孩子学到孔融让梨,转过头就去批评其他孩子不知道将好吃的让给他人,这种行为很可能会引发他人的反感。提醒孩子,先努力做好自己,而不能着急地用自己刚了解的内容去评价、要求他人,自己做好了,他人自然会看得到。再比如，有的孩子读了《论语》之后又做了错事，妈妈批评教育他，结果他就大声斥责妈妈："你有孔夫子的温、良、恭、俭、让吗？"这当然是不应该的。但做妈妈的也应该从中反思，自己有没有改变，有没有给孩子做一个好榜样。

最后，尊重孩子原生的悲悯。

《三字经》开篇就讲："人之初，性本善。"然而随着成长，总会有孩子变得善心不再，这是为什么？无非是因为"习相远"，对孩子的教育、培养不当或忽略，导致他原本向善天性被后天趋恶的习性所蒙蔽。

比如，有的孩子怜悯流浪动物，想给它吃食，并发出"我想养它"的温暖话语，但妈妈却情绪激动地吓唬孩子，让他远离，并粗暴对待流浪动物，只为了保护孩子的安全。最终，孩子可能的确安全了，却会对类似于流浪动物这样的弱势群体产生错误的认知，认为它们都是肮脏危险的，爱心也就随之消散了。

其实，妈妈完全没必要用这种激烈情绪来阻止孩子，可以委婉地提醒孩子远离不健康因素，同时要保护孩子原有的良善之心，尊重他的这份心意，肯定并赞赏他的爱心，并给他提供更为合理安全的处理方式。

拥抱幸福
——让孩子对生命充满无限尊重和敬畏

关于"幸福是什么"这个问题，有一个非常简单直白的答案，那就是"活着就是幸福"。

只有自己拥有生命，才能看到世界对我们展现出来的无限生机，才可以尽情去体验生活，体会种种喜怒哀乐。只有尊重与敬畏生命，才能发现生命存在的价值，感受生命前行的艰辛，才会通过其他生命的种种表现，感受到每一个生命的与众不同，从而了解生命世界的深刻底蕴。吃饱穿暖有屋住，这是最基本的幸福需求，但了解并感悟生命的真谛却可以让我们直触幸福的更深层次，所以敬重生命，才能真正拥抱幸福。

孩子涉世未深，人生经历短浅，如果不明白生命的真谛，那么他就会因为得不到眼前浅显的幸福而选择放弃永久的幸福。

比如，常见类似的新闻报道，一直成绩很好的孩子因为一次成绩不好而受到了老师的批评，结果一时想不开选择自杀；孩子得不到想要的玩具或者需求没有被满足，选择伤害自己的身体甚至以放弃生命来威胁……

还有一种情况更为可怕，不懂得尊重与敬畏生命的孩子，会以伤害他人或其他生物的生命为乐，并以为这样是享受幸福，或者当自己得不到的时候，便通过伤害他人或其他生物来泄愤，以达到让自己满足的效果。比如，有的孩子从背后猛推孕妇，就想看看孕妇摔倒之后"孩子会不会像电视上演的那样掉（流产）了"；还有的孩子因为吃不到一位陌生姐姐手里的糖果，就选择在地铁列车进站的时候猛推那位不给他糖吃的姐姐，意图使她发生事故……

很显然，这种扭曲的心理给孩子带来的绝对不是幸福，而是他任性的扭曲，使他坠入罪恶的深渊，同时这也是对他人的幸福的侵犯，也伤害了他人或其他生命的幸福。

所以，若想让孩子以健康的心理去拥抱幸福，与生命有关的教育是必不可少的。

首先，向孩子介绍生命到来的过程。

每一个人都应该"知来处"，明来处才能寻得根基。孩子在某一个时刻，可能都会问起"我从哪儿来"这个问题，那么我们就不妨给他讲一讲生命的由来，尤其是他自己的由来。

选择合适的绘本，或者学习更适合当下孩子年龄及理解特点的讲解方式，结合自己的经历和感受，给孩子讲清楚他的降生过程。有的妈妈是剖腹产，那么也可以以孩子能接受的方式来让他了解妈妈身上这道伤疤的来历。

有条件的话，还可以让孩子看看其他生命的降生，猫狗鸡鸭这些小动物，其降生过程都会让孩子对生命的到来有一个更直观的了解。

其次，合适的时机下给孩子讲讲与死亡有关的事情。

知来处，是让孩子知道自己从哪里来，同时，我们也要让孩子"明去处"。将人的"去处"与"死亡"联系起来，看上去有些残忍，但是人活百年，死亡是不可避免的事。孩子应该活在一个真实的世界里，所以告诉他与死亡有关的内容，也是我们不能忽略的话题。

可以提醒孩子，一个不小心，生命就会消散，如果不懂珍惜，生命就会舍你而去；也要提醒孩子，生命是否长、是否坚强，与他自己的选择和决定有关，如果他选择坚定自我，那么不管怎样的苦难都将不能动摇他的这份执着。

有的孩子害怕死亡，会试图扭转死亡的局面，比如他的宠物死了，或者他喜欢的生物没有了，我们就不妨趁此机会给他讲明白死亡的真实意义。当然也要根据孩子的年龄特点，对话语进行艺术加工，既方便他理解，也不会让他感觉死亡这个事实过于残酷。

再次，提醒孩子每一个生命都值得尊重。

曾经有一段时间，"应不应该对外卖员说'谢谢'"成为微博热门话题，参与话题的人分成两派，一派认为应该说"谢谢"，而另一派却很理直气壮地认为，"我付了钱，就应该享受到服务，为什么要对他说'谢谢'"？这其实就反映出了有些人在内心给人分三六九等，在他认为不值得尊重的人身上，就不应该浪费感情。这样想，当然是不妥当的。

孩子应该学会尊重每一个个体，尊重每一个生命。所以，可以从最常见的场景开始做起，比如送孩子去上学，和门口的门卫叔叔、伯伯打招呼；回家和做清洁工作的阿姨道声"辛苦了"；接到快递和快递员叔叔阿姨道声"谢谢"；去买东西对售货员表达谢意；等等。

除了人，孩子还应该尊重其他的生物，不随意踩踏、采摘植物，不肆意欺负各种小动物，纵使做不到"扫地不伤蝼蚁命，爱惜飞蛾纱罩灯"，也不要故意去伤害无辜的生命。

最后，教孩子学会正确对待生命中的"苦辣酸"。

关于生命教育，教孩子正确对待生命中的"非甜经历"非常重要。因为有太多的孩子在经历了苦难、愤怒、悲伤之后，就选择结束生命。

所以从我们做起，首先，不要让孩子过得太顺遂，他可以取得的成功就让他得到，他做不到的，不要代替也不要降低难度，适当地让他经历一些做不到、做不好、完不成、失败，告诉他这些都是生命中正常的经历。同时，还要提醒孩子他是不完美的，对能力的完全性追求并没有必要，能做多少是多少，只要努力了，只要比之前有进步了，就足够了，不需要苛求，做不到也并不意味着他不好，短板人皆有之。当然，也要教孩子一些应对挫折苦难愤怒委屈的方法，教孩子学会以豁达的心胸面对各种事情。

另外，还要给孩子一个可以倾诉的空间，接纳孩子的种种抱怨、诉苦、委屈，让他有可表达的权利，我们则要做好开导员的工作，让孩子能感受到爱与自由。

第六章

培养孩子的好习惯
——教育就是培养终身受用的好习惯

著名教育家叶圣陶非常重视培养孩子的良好习惯,他曾说:"什么是教育?简单一句话,就是养成良好的习惯。"的确,好习惯会影响孩子的生活方式以及个人成长的道路,会成为孩子一生成功的导师。孩子一旦形成良好的习惯,其学习、生活以及未来的工作效率便会提高。好习惯会改变孩子的命运。很多时候,妈妈之所以会情绪爆发,与孩子的坏习惯让自己总是压不住火有关。所以,如果从一开始就致力于去培养孩子具备好习惯,那么不仅他受益,妈妈自己也会感觉教育的过程变得轻松许多,不良情绪自然也会减少很多。

孝亲尊师
——孩子必备的做人与处世的根本好习惯

我在给家长的讲座中从来就不建议他们跟老师对立,而是希望他们尊敬老师,因为他们尊师,孩子就尊师,受益的一定是孩子。同样,在给老师校长们的讲座中从来也不建议他们跟家长对立,而是要他们教孩子懂得孝敬父母,孩子改变,家长看到眼里,自然就会尊敬孩子的老师,也会让孩子尊师。这样，在孩子身上就具备了孝亲尊师的美德，这是教育成功的"道"，也是2015年版《中小学生守则》第5条的核心内容。

有一次，我在辽宁做教育调研时，看到一所师范附属小学（在校生近2000人）把"孝亲尊师"四个大字镌刻在教学楼上，时刻提醒教师、学生和父母要把这四个字——教育的根本之道放在心里，这是难能可贵的。此外，还有另外四个大字——"学高身正"也同样镌刻在教学楼上，这是提醒教师的，一定要时刻记得自己教师的身份，因为"学高为师，身正为范"。当然，做父母的也应该努力做到这一点。

说到底，孝亲尊师是每个孩子都应该养成的为人处世的根本好习惯，如此，对孩子的教育才算真的抓住了根本。

先说孝亲。

孔子曾说："夫孝，德之本也，教之所由生也！"孝是一切德行的根本，也是所有教化产生的根源，是一切教育的出发点，所有的教育都应该从教孝道开始。一个有孝心的孩子，一定会好好学习，一定会积极乐观地生活，以后也一定会有好的工作，好的前程，更会有幸福美满的人生。

一个懂得孝道的孩子，不会做出让父母操心的事，他做事前一定会好好掂量做这件事是否有违孝道。比如，他不会伤害自己，不会因为一些所谓的挫折、困难而自残、自杀，他会善待自己，因为他懂得"身体发肤，受之父母，不敢毁伤"，因为他知道自己"身有伤，贻亲忧"，这都是有孝心的体现。当然，他也不会去伤害别人，因为他有一颗大孝之心，懂得"泛爱众"，知道每个人都是父母所生，自己不能伤害自己，当然也不能伤害他人，否则他人的父母也会伤心难过。他不会做违法乱纪的事，因为那会给父母蒙羞，是不孝的行为，正所谓"德有伤，贻亲羞"。他会做什么呢？他会好好学习，会"立身行道，扬名于后世，以显父母"，也就是尽己所能，取得一番成就，彰显父母的德能，这是"孝之终也"。所以，孩子如果有了孝心，那么他的人生之路也会走得非常踏实，父母这一生都会安心了。

为人不孝，何事可成？为人不孝，何人愿亲？自古以来，圣贤君子无不是孝道典范。要教孩子学孝道，就需要引导孩子注意这几项内容：

第一，对父母的孝，一定要建立在"敬"的基础上。

在《论语·为政》中，子游问什么是孝，孔子回答说："今之孝者，是谓能养。至于犬马，皆能有养；不敬，何以别乎？"意思就是，现在许多人把孝单纯理解为赡养父母。但是养狗、养马，也是养，如果对父母没有尊敬，那这种"赡养"又与养狗养马有什么不同呢？由此可见，"敬"是孝道的精神本质。

所以，孝敬父母的本质就是对父母要有最起码的尊重，要让父母从精神和人格方面都得到尊重。那么我们就要引导孩子明白这样一些事情，比如，全家上下长幼有序，作为年龄最小的人，他要懂得不与父母争抢；要讲道理，而不是和父母蛮横撒娇；要感恩父母的辛劳付出，而非坐享其成；做到《弟子规》上讲的，"父母好，力为具；父母恶，谨为去"；等等。

关于这些内容我们可以从《弟子规》等传统童蒙养正书籍中得到启发，引导孩子读一读，带着孩子做一做，让孝道在孩子小时候就深入其心。

第二，孝道体现在可以身体力行的平常小事上。

孝道虽然是做人的基本原则，但并不是只有大事才显孝，而且孝道绝对不只是嘴上说出来的内容。

所以，我们平时对待父母，都要一样样做出来，比如，吃饭先让父母入座、动筷；经常给父母打水、洗脚、捶背；关心父母冷暖病痛，关心父母喜好需求；无论如何，都不说伤害父母的话；如果条件允许，经常带父母外出走走；记得给父母过生日，祝福他们；自己生日时，要记得感恩父母；定期带父母做体检；给父母买爱听、爱看的戏曲碟片；等等。如果平时不跟父母住在一起，那就经常打电话问候父母，常回家看看。这些日常小事才是对孝道的最好诠释，孩子会从中学到与"尽孝"有关的更多细节。

第三，孝亲不是无原则地"顺亲"，真正的孝道没有愚孝。

有人说，孝道，不就是完全要听父母的话吗？不就是完全要顺着父母吗？那才叫"孝顺"呢。其实，这也是一种误读。因为《弟子规》讲："亲有过，谏使更，怡吾色，柔吾声。"就是说，当父母有过错时，做子女的一定要劝谏，使父母改正。而"怡吾色，柔吾声"就强调了劝谏的态度与方法，也就是说，子女劝说父母的时候，表情要和悦，说话的语气要柔缓，不能怒气冲冲地用指责、命令的口气劝导，否则父母很难接受。这一方面是说，父母不是圣人，也会犯错，所以，子女要懂得劝谏；另一方面是说，劝谏，要注意方式方法，不可以对父母大声呵斥，因为父母是长辈，即使他们做错了，子女也应该从内心去恭敬他们。

在儒家另一部经典《孝经》中有这样一段话："父有争子，则身不陷于不义。故当不义，则子不可以不争于父⋯⋯从父之令，又焉得为孝乎！"这里的"争"通"诤"，就是直言规劝的意思。意思是说，对父母而言，如果有敢于直言进谏的孩子，父母就不会陷于不义之中。因此，如果父母要做不义之事，孩子不可以不劝阻，如果只是盲目地遵从父母的命令，又怎么称得上是孝顺呢？没错，做子女的如果明知父母有重大过失，却睁只眼闭只眼地任由父母做错事而不劝谏，那就是陷父母于不义之中。《孝经》中的这段教诲与《弟子规》中的"亲有过，谏使更，怡吾色，柔吾声"不谋而合。

可见，教孩子学"孝"，绝不是教他无原则地"顺"。所以，要少用

"听话"去约束孩子,要允许他有自己的见解。我们不断提升,给孩子做出好榜样,孩子自然也就真"听话"了,千万不要做本末倒置的教育。

再讲尊师。

尊师同样是中华民族的传统美德。近代著名思想家谭嗣同说"为学莫重于尊师"。一个人若想求学、做学问,首先必须尊师重道,在接受了老师的谆谆教诲而后成才。所以,要时刻不忘老师的教导之恩。现在,每位父母都会叮嘱孩子一定要好好学习,但却不是每位父母都记得叮嘱孩子要感念师恩。

事实上,尊敬老师、感念师恩的孩子更容易取得好成绩。因为,他内心对老师充满了敬爱之情,愿意听从老师的教诲,他也会赢得老师的喜爱,怎么会不能取得好成绩呢?所以,要跟孩子一起,从内心尊敬老师。只有尊师重教,孩子才能真正受益。古语言,"亲其师,信其道",否则,最终受损的一定不是老师,而是孩子。

现在有的人错误地理解了教育,以为教育就是"购买服务",要老师像对待上帝那样对待孩子,"服务"不好就各种挑剔,实在是很不明智、很荒唐的一种行为。所以,要把尊师的培养提到日程上来,让孩子从小就养成尊师重道的好习惯。

第一,牢记礼貌在先。

礼貌是建立人第一好感的基础,以礼待人的孩子,势必会让老师感受到尊重。比如有一位妈妈分享了这样一件小事:

孩子第一天上小学,刚走到校门口,就习惯性地对着正在门口迎接学生的老师来了一个90度的鞠躬,并大声说:"老师好!"老师感到很惊喜,对这个孩子的印象非常好。

原来，孩子在幼儿园的时候就跟着老师养成了良好的礼貌习惯，见到老师礼貌问好，已经成了他不需要过多思考就能表现出来的好行为。

这就是礼貌所带来的良性效应，与孝亲一样，尊师同样不是口头表达就够了，孩子也一定要在行动上表现出来。见面问好，临走道别，认真回答老师的问题，作业试卷工整干净，发言举手，礼貌问答，这些都是孩子需要牢记并掌握的礼貌表现。

第二，自觉接受老师的教导。

有的孩子只喜欢听老师的表扬，一听到老师批评或者指出问题，他就觉得老师很坏，拒绝听从，拒绝执行。这也是不尊敬老师的表现。

孩子要具备一定的抗挫能力，而且老师能够并愿意给他指出问题，这其实体现的是老师的关爱，所以孩子要有正视自己的意愿，有可以接纳批评、接纳不同意见的心胸。对于自己真正的问题，要勇于承认改正，并虚心接受指导。

第三，正确对待老师的优缺点。

老师并不是全能的，即便是教书育人，他可能也会出错。孩子有时候会毫不犹豫地去指责老师，甚至并不顾及老师的面子，直接在众人面前给老师难堪，这其实都是不合适的行为。

对于老师的优点，孩子自然要好好学习；而对于老师的缺点、不足，孩子应该确认好后，尽量在课后跟老师委婉地交流。但如果老师在讲解题目时写错了数字、汉字，可以及时提醒，以免影响其他同学的学习，当然提醒时也应该注意语气语调。

改过迁善

——让孩子"德日进，过日少；日日新，又日新"

古老的《大学》说："苟日新，日日新，又日新。"意思是，如果能够保持一天的除旧更新，那就要保持天天能做到如此，持之以恒，不间断地更新再更新，也就是要不断地保持完善自我，每天都要有新收获与新进步。这里的进步，主要是指德行涵养方面的，与《弟子规》上讲的"德日进，过日少"的道理是一样的。其中的原理无非"改过迁善"，也就是不断地改正错误，并进一步地变好、向善。

孔子的学生曾子也曾说："吾日三省吾身：为人谋而不忠乎？与朋友交而不信乎？传不习乎？"也就是每天多次反省，为别人办事是不是尽心竭力了？跟朋友交往是不是诚实守信、真心实意？老师传授给我的和我传授给学生的道理与学问，我自己有没有做好、力行好呢？这个"省"便是一个人对自己的内省，省察自身有没有过，有则改之，无则加勉，通过"改过迁善"来帮助自身不断修正以完善成就更好的自我。

孩子一路成长，都是在不断地犯错、改过、进步、发展……在不断循环前进的过程中成长的。这不仅是孩子也是我们需要面对的现实。

一些妈妈之所以情绪爆发，与孩子犯错有很大关系。激动的情绪会遮蔽她们的双眼，让她们只看到孩子的不好，从而无法平静地去面对。

其实发脾气只能暂时压制孩子的犯错行为，挨顿训老实一会儿而已，却不能长久，若想一劳永逸，就要调动孩子的主动性，培养他改过迁善的好习惯。这样孩子一旦出了问题，就能通过自查、自改的方式，不断地进行相对自主的修复。如此一来，不仅孩子少受了被吼被骂的罪，妈妈也会因为孩子不断自我改正、不断进步的表现而变得更为舒心。

首先，引导孩子正视自我，接纳自己是"日常有过"的人。

事实上，曾子强调的这种每日三省的内省行为，也体现了一种不自欺的自我诚实。孩童时期是建立是非观的关键时期，这时就应该引导孩子学会正视自我，让他能接纳自己"日常有过"的表现。

我们不仅要看得见孩子的问题，也要提醒孩子注意自己的这些问题，告诉他问题的存在是不能避免的，有问题是正常的，每个人都会出问题，逃避并不能让他变好，只有积极面对并改正才是解决的方法。

其次，帮孩子树立正确的评判原则，准确认知自己的过错。

要改过，除了认识自己的果，还要意识得到那真的是"过"。孩子内心要建立起一个正确的评判原则，要有正确的是非观。

这个标准的建立，需要我们日常的努力，通过讲解道理、用正确的行为引导，来让孩子明白生活中合理的言行表达方式和内容。不仅让孩子知道，我们自己也要严格遵循这些标准，让孩子感受到这个标准并非只限定他的，对成年人也是有效的。

再次，坚定态度，不随意动摇孩子已建立起来的执行标准。

有的妈妈是"一切只听情绪"的行为模式，自己心情好了，孩子做错了她也不觉得有什么；自己闹情绪了，孩子怎么做都是错的。殊不知，这种摇摆不定的态度，会让孩子无法确定到底怎么做是合适的，反而学会"看妈妈脸色行事"。

犯了错，要改过，并要自己注意总结，提醒自己日后不要再犯，这才应该是孩子要坚定的习惯。我们要尊重孩子已经养成的习惯，并控制好自己的情绪，同时自己也养成好习惯，保证孩子对改过这件事有一个始终如一且正确的执行标准。

最后，合理关注孩子改过的进度，引导他多关注自我。

关于孩子的改过，我们应该多关注他的思想变化，了解他的困惑，解答他的疑问，但不要过多关注他改过的进度，允许他自己把控自己的行为。尤其是当孩子好几天都没什么变化的时候，我们先不要着急，也许孩子是在自我思考，自我反省，要给他一个自我缓冲的时间，并相信他可以做到自我纠正。

同时，有的孩子自己改过了，但发现周围人没改也依然过得不错，他就会产生疑问，甚至心理不平衡。对此，我们也要及时引导孩子更多地关注自己，而非总是眼看他人，提醒他如果自己做得好，他人自然也会看得到他良好表现所带来的良好影响，也许不需要他多说，更多的人也会向他靠拢。

就如孔子的学生子贡所言，"过也，人皆见之；更也，人皆仰之"，说的就是这个道理。也就是犯了错误，人们都能看得见；而改正了错误，人们都会敬仰他。既然如此，还有什么不改的道理呢？

阅 读
—— 增加孩子的人文底蕴，提升孩子的科学精神

西汉经学家刘向说："书犹药也，善读之可以医愚。"多读书就好比服药治病，有方法且养成习惯地去读书，会让人身上种种愚昧之处被书所治愈。

宋真宗赵恒说，"书中自有千钟粟""书中自有黄金屋"，他认为，"男儿欲遂平生志，五经勤向窗前读"。在他看来，读书是人能更上一步、能提升精神享受的重要途径。

自古以来，阅读就是读书人求学问道、提升德行的不二法门，足见

阅读的重要。今天的孩子依旧需要通过阅读来增加人文底蕴，提升科学精神。

有的妈妈对待阅读这件事有些误解，认为让孩子阅读，一定是有目的的，比如，为给写作文储备好词好句；或者干脆就不让孩子阅读各种课外读物，认为是没用的；等等。类似这样的看法都有失偏颇。

阅读是改变人的内在的最主要的一种方式，书籍中的文字所传递出来的内容会左右人的认知、思想，看的书越多，所接收到的讯息也就越多，思想便也会受到更多的洗礼。所以我们要做的应该是培养孩子养成阅读的好习惯。

首先，引导孩子博览有意义的群书。

引导孩子博览有意义的群书，包括这样几个要点：

第一，博览。一定要多看，各个内容方面的书都要涉及，不管是人文的还是科技的，不管是历史的还是地理的，不管是中国的还是外国的……孩子接触到的内容方面越多，他的知识储备会越多，眼界也会越宽。

第二，有意义。一定是好书，拥有正向的、积极的能量，有好的意义，能开启智慧，这会让孩子从中学到正确的知识，建立正确的价值观，从而踏对人生的每一个脚步。

第三，群书。读一本书，和读一群书，其收获与意义都将大不相同，我们应该给孩子提供读更多书的机会。另外，一般情况下，不需要刻意规定"大人的书""孩子的书"，只要他有能力去阅读，范围开放得越广，孩子阅读的兴趣才越强烈。

其次，建立良好的家庭阅读氛围。

有的妈妈总会给孩子的阅读设定一些要求，比如，"坐在那里不许干别的，就只能好好读书""如果你看不完这一章的内容，不许吃饭""必须记住这些内容，一会儿我要考你"，等等。结果孩子将阅读当成了一项任务，原本轻松愉悦的心情也随之消失。其实没有必要用要求去约束孩子，当我们可以为他营造出良好的阅读氛围时，他自然也就读进去了。

给孩子一个读书的空间，专门摆放书籍；孩子读书的时候，不用设置那么多规矩，因为读总比不读好；我们可以给孩子做出读书的榜样，每天拿出一段时间安安静静地坐下来去读，这对孩子也是一种影响；我们要把读书的好习惯坚持下去，孩子自然也会跟着照做。

再次，鼓励孩子谈论或记录阅读心得体悟。

阅读也是有方法的，教孩子学会正确阅读，是让他能有更大获益的重要基础。边阅读边记录心得体悟，很有必要。给孩子准备个小本子，或者也可以允许他在书的空白页记录自己的想法。哪怕是一幅小插画，一个小表情，都可能让孩子对刚读过的内容记忆犹新。

还有一种方法，是在孩子阅读过后跟他聊天，聊他刚才看的内容，如果他记不住就和他一起回去翻看，讨论他刚看过的是什么故事，让他印象深刻的点是什么，让他说说他的感想，与这个内容有关的延伸内容……通过这样的方式，让孩子提升阅读效率。

最后，拓宽孩子的阅读范围。

阅读的主要对象，的确是书籍，这没错，但文字并不是只存在于书籍中，以其他方式表现出来的文字内容，同样可以被归类为孩子阅读的范围。

比如，博物馆里的介绍。大量的文字内容会给孩子带来不同于书本上的知识和思想渗透，经常出入这样的地方，经历过阅读，孩子的眼界也会变得更宽。

还比如，网页上的内容。信息时代我们不可能将孩子隔绝在高科技之外，与其总是担心他会接触错误的网络信息，倒不如通过帮他建立正确的三观，来引导他合理使用网络，毕竟网络上的海量信息，会让他体会到日新月异的知识与科技发展，而且强大的搜索功能会让孩子发现更多他所不知道的世界。

另外，关于电子书与纸质书。愿意看纸质书，就让孩子去看纸质书，如果电子书同样能保证规范有意义，内容积极正向，在合理的时间安排下，孩子也可以轻松阅读。但都要注意保持良好的用眼卫生习惯。

自主学习
——教孩子学会自动自发地学习，打造他的核心竞争力

进入学龄期，孩子的学习就成了我们关注的头等大事。但很多孩子的学习会出现一种令人相当头疼的状态：妈妈对孩子的学习很紧张，可孩子却表现得"不推不动"。

为什么会这样？或许与此有关：孩子对学习没有主动性，再加上妈妈的过度关注，他在不知不觉中产生了依赖心理。而几乎所有催促孩子学习的妈妈，都没有好脾气。可以说，孩子不能主动学习，也是引发妈妈情绪变化的一大主因。但妈妈的坏情绪，又导致了孩子排斥学习。或者说是因为妈妈太过着急、期待过高、催促唠叨不断，孩子才排斥学习的。到底是谁的责任？好像已经说不清楚了。

学习，当然是孩子的"本职工作"，如果他能自动自发地去学习，无论是其探索与钻研精神，还是学习状态与效率，都会大大提升，即使遇到困难也不会退缩，一切都是积极的、正向的、轻松的、有实效的……这无疑是让妈妈最省心的表现。果真如此，相信一些妈妈的不良情绪也会减少很多。

所以，一定要努力尽早培养孩子养成自动自发学习的好习惯。

第一，解决"不知道"。

孩子不能做到自主学习的一个主要原因，是因为他不知道自己为什么学习、为了谁学习、学习可以解决他什么问题。有的妈妈对此不理解，在还没有帮孩子解决这些问题的时候就催促他要主动好好学习，所以不管妈妈怎么情绪激动，孩子也不能体会到妈妈的苦心。

解决孩子的这些"不知道"，就是促使他养成主动学习好习惯的首要关键。要让孩子意识到学习是为了他自己而学的，要让他明白学习是帮助他成长最重要的途径，而他学到的知识内容也将成为独属于他自己的财富。

第二，试着"不干涉"。

有的妈妈一方面要求孩子主动，另一方面却总在旁边发号施令：

> "你应该这样写！"
> "你这样做不对！"
> "你怎么不看别的科目？"
> "你为什么不先写作业？"
> "我给你检查一下！"
> ……

频繁的"指导"，孩子便没法自我主动。而且，妈妈的频繁干涉，不过是给自己徒增烦恼，看到孩子做得不符合心意，也会变得情绪不稳。

要对孩子有信心，试着不再去干涉他，或者先少干涉。

可以给孩子布置一个适合学习的环境，帮他更快地进入学习状态，不要轻易去打断。我们把注意力转移到自己需要做的事情上，让孩子也能更放松地进入自我学习的氛围之中，同时他也能更加集中注意力去学习。

其实，母爱是一场得体的退出，爱孩子、陪伴孩子，都是为了孩子更好地独立，所以要认清这个真相：能够退出的教育才是最好的教育，相信孩子的能力，你相信他，他就回馈给你更大的信心，如果一直认为孩子是长不大的，他就永远不给你退出的机会。

第三，保证"不包办"。

进入自主学习之后，孩子会有各种问题，有一些是他自己可以解决的，有一些是他自己解决不了的，这时他会来求助。

首先我们不能着急，任何问题都可能发生，我们应该有足够的心理准备。接下来对问题的分析要从孩子所能理解的基础上入手，不要直接给出解决方案，多一些问句，少一些判断，让孩子自己说出问题所在，让他能自己看出来应该怎么去做，给他时间自己思考。

只要不代替孩子去解决他的问题，并引导他去关注问题，他就会意识到这是他自己的事情，他会开始自我思考，从而养成独立解决问题的习惯。

第四，做到"不放纵"。

让孩子自主学习，并非对他完全不管。比如，孩子已经上小学三年级了，这时他就知道该学什么、该做什么作业了，我们可以跟他交流一下学习方法，鼓励他尝试，而不需要监视他。在他感觉烦躁、无聊的时候，给他一些积极的鼓励，甚至允许他有这种状态出现，但要引导他去自主调节。

另外，关于课外知识的学习，也要在最初的时候把好关，保证有好奇心的孩子不会误入歧途，保证他学到的内容是健康的、安全的，运用的方法是科学的、合理的。

实践创新
——培养孩子主动思考、勇实践、乐创新的好习惯

未来是一个创新的时代，有灵活思维、乐于创新、敢于实践的人才，是时代最需要的人才。孩童时期是最具想象力的时期，很多新奇的想法都会从孩子的小脑袋里冒出来，我们应该保护好他这种敢于想象的美好特质，抓住良机，培养他具备实践创新的好习惯。

很多成年人自己丧失了想象力，也不愿意看到孩子去实践创新，可是真到了需要孩子调动思维的时候，他又抱怨孩子为什么不知道多想想。有的妈妈还会因为孩子想得太天马行空而发脾气，认为他这就是在"瞎玩"，如果冷静下来去看，因为这个原因而闹情绪，也真是"任性"了。

很多事情仅仅因循守旧是无法发展的，时代要进步，势必要通过不断创新来实现继续前进的目的。孩子的发展更是如此，拥有主动思考、乐于创新、敢于实践的能力，是他未来可以在社会拥有一席之地的重要条件。

培养孩子的实践创新能力，是需要我们摆正思想，并好好寻求正确引导方法才能实现的。

第一，正确对待所有的"为什么"。

当孩子开始询问"为什么"的时候，就意味着他的思维已经开始转动了，抓住这些询问的机会，培养孩子主动思考的能力。

可以告诉他答案，但要正面地、积极且言简意赅地回答他。

有时候孩子的问题是一连串的，是什么、为什么、做什么用的、怎么用……对此，我们要有耐心。或者也可以引导孩子自己努力去获得答案

的，比如告诉他：

> "××书上有答案！"
> "你可以去翻翻字典！"
> "你自己打开看看！"
> "你自己动手感受一下！"
> ……

这样就可以调动孩子的主动性，促使他学会自我解决问题。

要注意区分的是，有时候孩子的"为什么"只是一种游戏，他并不想知道答案，就是想用"为什么"来展开"你问我答"的游戏，所以，也要注意观察，到时不妨也发挥一下自己的娱乐精神。

第二，鼓励孩子把想象的内容变成现实。

当孩子有创新想法出现时，你可以提醒他去思考实现的途径，让他逐渐能从自己周围可见可用的实际事物中，合理构造他想象的东西。

要实现这一点，孩子需要更多资本。所以，可以多向孩子推荐各种相关书籍，给他准备一些能够协助动手的小工具及各种原始材料，给他开辟一方小天地，允许他去为自己的想象尝试。也可以做孩子的协助者，或者在他求助的时候，给他一些必要的帮助，但不要"指点江山"，更不能着急、抱怨甚至讽刺，而要支持、鼓励他，对他正在做的事情持乐观其成的态度。

第三，肯定孩子愿意"多想想"的努力过程。

孩子有时候会表现得"想得很多"，这个过程其实并不容易，他愿意多想想，这意味着他的大脑在不停运转，他在努力调动自己的思维。如果

妈妈的情绪 爸爸的格局

遇到孩子开始"多想想"了，我们不用过多关注他想出来的那个内容是不是能够实现，也不要泼冷水，只关注他愿意努力多思考的这个过程。

比如下面这个场景中，妈妈的做法就很值得思考。

上学路上，孩子看着天上的小鸟说："如果我也能飞就好了，像小鸟一样。"

妈妈说："能飞当然好了。"

孩子说："要是有个大巨人把我举起来，我就跟飞一样了。"

妈妈点头："那倒是的确可以。"

孩子又说了："可是我怕高啊，他举着我，我会不会掉下来？"

妈妈也问："那怎么办呢？"

孩子看着小鸟说："那我就骑在大鸟的身上吧，然后我用一根腰带把自己绑紧一点，就掉不下来了。"

妈妈说："那也可以。可是大鸟睡觉了怎么办呢？"

孩子说："那我就换到猫头鹰身上去，猫头鹰晚上不睡觉的，它白天睡觉。"

妈妈点点头："这也行。不过，猫头鹰晚上不睡觉，你晚上要睡觉啊，那怎么办？"

孩子想了想："那我还是变成小猫头鹰吧！"

说完，孩子开始哈哈笑，又开始思考猫头鹰到底会在哪棵树上才能被她看见的问题了。

从头至尾，妈妈没有说"你这个想法不对""人不能飞""鸟不能骑"等各种拒绝的话，也没有肯定孩子"你的想法很正确"，但却一直在和孩子搭话，引导她去思考，去想象各种情况的可能性，让孩子在自己的想象中获得满足。

实际上，孩子的创新都是通过这样的一系列步骤来完成的。我们要肯定的是他愿意为之努力的那个过程，引导他的创新思维向着一个更为合理的方向去发展。而且，孩子的想象如此宝贵，就算他有时候想的没那么实际，但敢想、乐想也是很值得肯定的。

第七章

刻意训练孩子的自控力
——教孩子学做自己情绪的CEO

有一句很有哲理的话:"掌控情绪,才能掌控未来。"的确是这样,一个人情商高不高,说到底还是与情绪掌控力的高低有很大关系。所以,自控力是值得刻意训练的。实际上,对自控力的训练,应该从孩童时期就要开始,因为孩子很容易受到情绪的影响,若是不能自控,言谈举止就很容易被情绪左右,从而导致不良后果。所以,要积极地、刻意地训练孩子的自控力,教他学会做自己情绪的CEO,掌控自己的情绪和生活。

妈妈不要让不良情绪掌控自己和孩子的生活

一些妈妈总是说孩子很容易受到不良情绪的左右,但实际上,妈妈自己才是家中那个最大的情绪感染源。妈妈的不良情绪一旦爆发,家中所有人的生活都会受到影响,不但让事态向更严重的方向发展,而且还会引发新的问题。

坏情绪起来了,有的妈妈并不是积极地去应对,让自己摆脱坏情绪的困扰,反而会"屈服"于坏情绪,进而影响孩子,这才是严重的问题。

刻意训练孩子的自控力
——教孩子学做自己情绪的CEO 第七章

比如，妈妈觉得孩子不听自己的话，非常生气，甚至被孩子气哭了，直到孩子道歉，她的气才慢慢消散；还比如，妈妈对着孩子发怒，"如果你不吃完饭，就不带你出去玩"，孩子难过得不行，但还是按照妈妈所说去做了，妈妈才不生气了；还有的妈妈更极端，自己情绪不好，就用病痛、死亡来威胁孩子，逼迫孩子放弃自己的立场，满足妈妈的需求……

如此看来，妈妈的情绪不好，孩子为了换回妈妈原本的笑容，在爱的招引下，他会想办法去承担缓和妈妈情绪的责任，甚至不惜压抑自我。

这其实是一个很可怕的发展，孩子承担了如此重的责任，他往往会放弃自己的情绪，而当他对自己的情绪有了认知时，却不知道应该怎么去应对，直到另一个人来令他获得满足，否则他就会延续妈妈当初的表现，任由坏情绪四处发散。所以你会发现，某些情绪的处理方式，都是呈现家族式发展的，孩子的情绪表现，是妈妈的翻版，而妈妈则又会是上一辈的翻版。

一位女士就说，自己是妈妈情绪的垃圾桶，妈妈一情绪不好，就对着她反复抱怨、发牢骚、骂人，对着她反复数落爸爸的不好，数落奶奶家的不好，数落她曾经遭遇过的种种不公。

有一次她忍不住对妈妈说："妈妈，您和您的朋友说说这些事吧！"

妈妈却更烦躁地对她吼："这破事儿说给人家谁听？你是我孩子，我都不能跟你说说知心话？我真是太苦了！连个说话的地方都没有，你都不愿意听，谁还理解我？"

这位女士觉得自己压抑极了，她感觉妈妈一直控制着她，但这是自己的妈妈，她又不能躲，她的内心也几近崩溃。这导致她在日后面对自己的情绪时，也不知道应该怎么办，她也会如妈妈一样，吼叫、抱怨，变得爱诉苦，对孩子要求严格，总是强烈希望孩子能理解自己。平静的时候回想一下，她觉得很悲哀，可是习惯已成，情不自禁。

作为妈妈，理应做一个坚强的人。但要正确理解"坚强"这两个字，不是说一切苦自己扛，什么都要自己背负，而是说自己应该是情绪的主人，要让孩子看到自己对情绪的处理，让他从自己身上去学习怎样的表现才是成熟的，而不是任由情绪去左右自己的人生，进而用自己的情绪来逼迫周围人、逼迫孩子不得不做出改变。

实际上，不良情绪的源头其实在妈妈自己这里，难道不是吗？也就是说，妈妈会因为各种各样的事而爆发情绪，或者说，情绪的爆发几乎是一种本能，然而能不能控制好情绪，并将情绪带来的危害降至最低，却是一种本事。作为妈妈，应该具备这样的本事，让自己做一个理智的成年人。

不良情绪并非"顽疾"，也绝对不是白纸涂墨无法去除，如果从一开始就认为"我就是容易情绪不好"，那就意味着自己成了坏情绪的奴隶。所以要改变最初的态度，要积极一些，想着"情绪由我自己产生，也同样能由我自己消灭"，转换自己对待情绪的态度，不把它看得那么顽劣，那么不可消灭，自己就会更理智，会更愿意想办法努力去应对。

你要成为坚强勇敢的妈妈，要成为独立自主的人，主导自己的一切，不要让坏情绪轻易扰乱整个家庭的生活。就如把家里的垃圾清理干净一样，当你拥有了掌控情绪的主导权，一样可以将它干净利索地清理出去。

容易对孩子产生不良影响的7种负面情绪

因为不会处理情绪，所以不良情绪会对孩子造成各种负面影响。其中容易让孩子受到不良影响的负面情绪有7种，分别是：愤怒、胆怯、压抑、焦虑、恐惧、委屈、孤独。

愤怒——无法明确表达，只能疯狂发泄。

作为成年人，一般知道自己为什么生气，同时多数情况下也知道应该怎样去应对这样的愤怒，所以多数人因此可以让自己逐渐恢复平静。

但是当孩子出现了愤怒的情绪时，一时半会儿可能就说不清、辨不明，而且陷入愤怒的孩子并不知道应该怎样化解情绪，他只能哭闹、尖叫、摔东西，甚至骂人、打人……孩子很明显表现出了不高兴，但是他的发泄途径是单一的，就是闹情绪、发脾气，几乎是不会考虑怎样解决问题的。

愤怒会让孩子的言行变得粗暴而无规矩，尤其是愤怒的发泄不仅伤己还会伤人，既不利于孩子自身的身心安全，也会影响他与周围人的人际关系。被愤怒影响的孩子，其语言表达能力、思维能力也都会随之下降。

胆怯——心生惧意而无法自拔，错失机遇也会哭泣。

胆怯是很多孩子都会有的一种情绪，比如外人面前不敢说话，众人面前不敢表达，遇到需要挑战的机会不敢上前，即便是自己能做的事情也不敢去尝试。但胆怯的孩子也并非颓废毫无"战意"的，如果机遇错失，他也会感到沮丧并因此而哭泣，还可能会心生抱怨。

这种情绪影响的是孩子的主动性，他会强烈需要他人为他提供安全感，甚至会要求他人代替他去完成很多事情，并自己享受成果。这显然并不利于孩子自我主动性的建立。若是无法战胜胆怯，让自己勇敢起来，孩子的人生都将陷入被动，很多机遇的错失又会让他变得更加烦恼，这样，他就更无法积累经验，再遇到事情他会更加胆怯，从而形成恶性循环。

压抑——就如堵住胀气的气球，一旦承受不住必然爆发。

孩子的情绪之所以压抑，与妈妈的表现是分不开的。

> 孩子开心的时候，大笑大闹还会上蹿下跳，妈妈会说："老实会儿。"
> 孩子哭泣的时候，妈妈又会说："不许哭！""再哭不是好孩子！"
> 孩子着急的时候，妈妈则说："着什么急，这么不稳重。"
> 孩子害怕的时候，妈妈又抱怨："多大点儿事，也值得害怕，真没出息！"
> ……

孩子很多情绪的表达都不完全，得不到充分的释放，长期处于一种被压制的状态，孩子自然也就变得压抑了。

孩子的情绪无处释放，久而久之他的内心会积攒很多问题，随着年龄增长，这些问题会越发纠缠他的内心，最终孩子可能会出现两种情况，"不在沉默中爆发，就在沉默中灭亡"，两个极端，都很危险。

焦虑——不能缓解的精神紧张，影响生活的方方面面。

文具丢了、衣服脏了、上课回答错误、考试没做完试卷、作业没记全、和朋友吵架了、妈妈生气了……各种各样的不如意都会让孩子频繁地陷入焦虑中，导致他生活、学习的方方面面都变得一片混乱。

焦虑会让孩子变得精神紧张，不管做什么事都静不下心来，哪怕是玩，他也会因为焦虑而玩不尽兴。孩子在焦虑的影响下，会开始胡思乱想，导致他的烦躁心理倍增，沟通也就随即成了问题。孩子的注意力也会因为焦虑而变得不够集中，很多事情他都没法做出准确的判断，并不能做出正确的选择。

恐惧——怕得无以复加，并不想变得勇敢。

恐惧与胆怯还是有区别的，胆怯是一种源自内心的不自信，源自安全感的缺失，但如果能正确引导，孩子多半都可以一步步走出来，变得开朗大方起来。而恐惧则不然，恐惧总要有一个对象，孩子会产生恐惧心理，也多半是由于对未知事物的不确定，以及妈妈采取了错误的教育方式。比如，孩子怕黑、怕虫子、怕打雷、怕一个人、怕老师、怕上学等，这些恐惧都是有来源的；而妈妈总是吓唬他，他当然也就没法从恐惧中走出来了。

恐惧某样事物，意味着孩子的内心是有心结的，只有解开心结，才能消除恐惧。长期恐惧会让孩子的安全感下降，他会不断地担心他所恐惧的对象对他的影响，越担心害怕越没法集中精力去做该做的事情，这个影响才是最严重的。

委屈——是非观受到冲击，道理原则开始摇摆。

被冤枉、被过分训斥、被嫌弃、被无视时，孩子都会感到委屈。其中，被冤枉和被过分训斥是孩子感到委屈的最常见的两个原因。有时候孩子明明做得对，但却被训斥，这显然让他的是非观也开始动摇。

某卫视台有一档综艺节目，让中小学生上台倾诉自己最真诚的想法。

有一期节目来了一位六年级的小姑娘，小姑娘有一个比自己小的妹妹，非常调皮，经常惹她生气，但妹妹每次都会上妈妈那里告状，而妈妈则不问青红皂白就会直接训斥小姑娘一番。

对于小姑娘的倾诉，在下面听的妈妈反而指责女儿不懂事，并用孔融让梨的故事来劝她，希望作为老大的她能够以大让小。

小姑娘听后，流下了更伤心的眼泪。

这种委屈是无以名状的，孩子的需求得不到满足，她的正当反应反而会被当成错误来对待，如果长期处在这样的环境之下，她的内心会变得非常缺爱，这也将影响她对亲人的爱的延续。委屈的孩子需要得到一个能够让他满意的答案，需要借此来安慰自己的内心。

孤独——哪怕有人陪伴，也排解不了心灵难相通的苦。

很多成年人无法理解孩子的孤独情绪，其实孩子孤独情绪并不是在无理取闹，尽管你给他准备了大量的物质，但可能缺少足够的陪伴，要么是陪伴时间不够，要么是陪伴的质量不高。不仅如此，很多孩子深居高楼之中，没有玩伴，每天除了上学就是上课外班，他们没有足够的时间去体会真正的友谊，时间被大量的所谓学习占据了。

现在很多孩子最好的朋友不是与他同龄的伙伴，而是一些机器人，靠着程序来为他们安排各种事情，解答他们的各种问题，不得不说这是很危险的。

孩子需要与人群接触，需要参与到更多的活动之中，才能调动他的积极情绪。他更需要有爸爸妈妈亲密的陪伴，才能够在内心深处得到慰藉。

面对孩子的负面情绪，
妈妈应该站在孩子的角度认同并接纳

负面情绪就是一种情绪垃圾，只有丢出去，或者进行了妥善处理，人的情绪才能恢复常态，身心才能变得平和。产生负面情绪并不是谁的错，每个人都会有负面情绪，只不过处理得好坏有区分而已。

有不少人并不能正常看待孩子的负面情绪。如果妈妈自己有好情绪，看到孩子的负面情绪，就觉得"大家都这么开心，就你自己不开心，你这真是给人添堵"；如果妈妈自己情绪就不好，再看到孩子有负面情绪，又会说"我自己都这么难受呢，你又来给加把火，真是不懂事"；还有的妈妈则有另一种看法，认为"小孩子哪儿那么多负面情绪，就是自己瞎找事，就该不理他，一会儿就好了"。

其实事情没有那么简单，孩子对自身情绪的处理并不完善，他不知道自己为什么感觉这么难过，也不知道应该怎么处理这种烦躁，他希望获得妈妈的关注，也渴望能让自己内心感到舒畅。只要是情感发育正常的孩子，负面情绪的到来都是不可避免的，如果我们自己都觉得负面情绪很讨厌，那么孩子的感受更是如此。

当出现负面情绪之后，孩子会感觉很无助，他想求得一个支持与安慰，所以此时你对孩子的认同与接纳就显得非常重要。

首先，认同孩子"会发生情绪变化"。

孩子一有了情绪，妈妈就认为孩子出了问题，并拒绝接受他，这种态度在孩子看来真是太冷漠了。有一点必须要明确，"孩子闹情绪了，这很正常"，倒不如说，孩子会闹情绪，才证明他的情感发育是正常的，他会很明确地表现出自己的感觉，并借助哭闹、发火以及其他行为表达出来。

所以，要认同他的这种情绪变化，以看待正常事件的眼光去看待他的表现，而不是直接就告诉他"你闹情绪是不对的"。当你能够认同孩子的这种情绪变化时，他才不会为自己有了哭闹、发火等表现而去揣测你的意图，他会感到安心一些，这样他才能腾出精力去向你表达他闹情绪的原因，并愿意接受你的帮助。

其次，站在孩子的角度去看待他的情绪变化。

那些觉得孩子的负面情绪是"添乱""瞎找事"的妈妈，都错误地从自己的角度出发去看待孩子的情绪变化。如果不从孩子的视角出发，理解也就无从说起。

所以不妨坐下来，跟孩子简单了解一下到底发生了什么，明确孩子的情绪到底怎么了。比如他就是生气了，就是不高兴了，就是委屈了……要对他的情绪变化有感应，理解他因为某件小事而不开心的心情。

比如，可以告诉孩子，"如果我的玩具坏了，我也会不开心"，或者，"想想我当初考得不好的时候，我也特别郁闷"……也可以用询问的口气去确认孩子的情绪，比如问问他，"老师批评你了，你觉得委屈是吗"，问问他，"朋友误会你了，你很难过对吗"……用这种问句会让你快速准确地明白孩子闹情绪的原因。

最后，接纳孩子爆发的情绪而不是他的行为。

一位妈妈很疑惑："孩子乱发脾气、搞破坏，为什么还要接纳他而不是教育他？"

其实这要搞清楚一件事，行为来源于情绪，只有从源头入手，才能真正改变孩子的行为。所以，不要一看到孩子闹情绪，就先训他"你这样不对"，否则他会搞不清楚到底是"有情绪不对"还是"搞破坏不对"。

越是这时，就越应该有"我知道你很难过，我理解你的情绪变化"的理解心理。对于孩子发脾气导致的错误行为，暂时不需要当下立刻表示不满。但如果孩子的行为是危险的，就先带他远离危险；如果他正在伤害他人或破坏东西，就要先停止他的行为。接下来缓解情绪是首要的，等他平静的时候，再去提及他的行为问题，他才可能听得进去。

情绪属于自己
——教孩子懂得为自己的情绪负责

情绪每个人都会有，无论好坏，都是自己发出来的。既然如此，由自己而发的情绪，就应该由自己去处理，也就是要懂得为自己的情绪负责。

什么叫为自己的情绪负责？就是当自己有了不良情绪，要意识到这情绪是属于自己的，而不是从旁人身上去找让自己感觉愤怒、悲伤、委屈的原因，理应自己努力调整，如此，既不会让自己的情绪影响他人的情绪，还能使自己尽快恢复平静。

现在很多孩子做不到这一点，他们认为坏情绪全是由别人带来的。比如，别人不听他的，他会抱怨说，"他们都只顾着自己"；还比如，受了老师的批评，他会委屈地认为，"老师一定看我不顺眼"……在孩子看来，他的坏情绪都是因为别人没有顺从自己的心意，这种认知显然是错误的。只有教孩子认识到情绪源于自己，要自己负责，他才能学会做情绪的主人。

第一，鼓励孩子主动表达自己闹情绪时的感受。

实际上，闹情绪的孩子哭闹、破坏东西，都是因为他并不知道自己应该怎么办，他只是想让这种不愉悦的感受发泄出去。所以，要教他学会正确表达自己的感受。

可以建议孩子多用"我感觉"而不是"因为你"，也就是让孩子把情绪归因到自己身上。比如，孩子手里的玩具被抢走了，他应该说，"我的玩具被你抢走了，我感觉很难过，我不喜欢你这样的行为，如果你想玩你可以告诉我"，而不是"因为你抢我东西，都是你不好"。第一人称的表达，会让孩子清楚地认识到自己的感受，并能清楚地将自己的感受传递给对方。

还有一点是，孩子一般都会把自己不开心的一面表现给妈妈看，这是他的一种本能表现，他期待妈妈能注意到他的变化。你也要引导孩子同样采取这种以"我"为主语的表达，让他把自己的感受描述清楚，这有助于你了解引发他情绪的经历。

第二，通过制定规则来规范孩子对情绪的表达。

哭闹、毁坏东西、骂人、打人……这都只是情绪的发泄，算不得情绪表达，孩子如果总有这样的表现，可能会变得脾气暴躁，并产生暴力倾向。

有的妈妈可能会让生气的孩子捶打、摔扔所谓的"发泄球"，用棍棒击打没有抵抗能力的"不倒翁"，其实这些做法无益于坏情绪的纾解。有大脑实验表明：越是紧绷肌肉、咬牙切齿地做类似事情，愤怒指数就越高，"发泄"完之后的感觉不是满足，而是更空虚。为什么？因为之前生气的因素还在。所以，不妨制定一定的规则来规范孩子对情绪的表达。

比如，愤怒情绪要想得以解除，最该做的是冷静下来，反思：

> 愤怒的原因是什么？
> 愤怒的对象是谁？
> 到底该不该愤怒？
> 自己是不是也有错？
> ……

反躬自省是非常有必要的。最终的结果无非是自己有错，或者自己无错。如果自己有错，那就不能怪别人！如果自己没错，那就没必要生气！难道不是这个道理吗？

当然，如果孩子即使反思也暂时想不通，感到委屈、孤独的话，可以让他找妈妈倾诉，也可以允许他找个角落哭，但不可以把自己关起来，并接触药品或危险工具。引导他选择合理的表达情绪的方式，而不是任由情绪牵着鼻子走，从而帮他逐渐稳定情绪、回归理性。

当然，这样的做法并不只是适用于孩子，也适用于成人。训练孩子做自己情绪的主人，妈妈也要和孩子一起努力，成为自己情绪的主人。

第三，引导孩子养成情绪之后思考的习惯。

绝大多数的孩子闹情绪就像一阵风，风吹过去了就算了。可是下次情绪来了，还是如此反复循环。你希望孩子在情绪方面有所成长，就要让他能学着把情绪控制在自己可操控的范围。要实现这一点，孩子就要调动思考能力，思考自己出现情绪波动的原因，思考怎样避免让自己陷入情绪引发的被动情境中，还要思考自己应该如何去处理情绪所带来的后果。

也就是说，孩子不能只是闹一闹就算了，他可以发泄情绪，但也要学会搞清楚自己情绪发生的原因，并想办法去处理这个原因。

刻意练习
——让孩子走出坏情绪旋涡的各种训练法

树上长歪的枝丫，如果不去管它，它会肆意生长，有时候它会夺取主干的营养，主干由此变得虚弱，而它则逐渐变成了主干，虽然树也不会因此而死去，但当一个歪了的枝丫变成了主干，那么树不管长多高，它也将只会是一棵长歪的树，不能挺拔而立。

频繁爆发的坏情绪就是孩子这棵挺直小树身上的歪斜枝丫，需要去除，而同时孩子本身的主干也要保证营养的输送，不能受到影响。

走出坏情绪并不是一下子的事情，孩子对于情绪的处理也会因为家庭的影响以及自己习惯的养成而变成一种下意识的行为。所以，要改变孩子总是受坏情绪侵扰的现状，就要对他开展一些小训练，用不断的训练来帮助孩子改正过去对情绪的错误的习惯性处理。

深呼吸训练。

深呼吸会给大脑带来更多的氧气，从而实现减缓心跳并降低血压的目的。身体上的这些变化，会让人自然感觉到平静，从而减轻怒气。

进行深呼吸训练时，可以让孩子选择合适舒服的座椅，放松身体，保持安静。尽量采取腹部呼吸的方式，缓慢地吸入、呼出空气，注意调节呼吸的频率。在深呼吸的同时，引导孩子进行平静想象，让他闭上眼睛，想象自己在一个安宁的地方，想象各种可以表现安静的内容，鸟语花香、清风水流，通过静坐冥想来实现平静。

可以鼓励孩子把他想象得到的代表平静的内容画下来，或者找到能令他感觉平静的图片，在他进行深呼吸练习的时候，让他能够看着或想象得到这些图像内容，以帮助他尽快进入平静的状态。

保持专注的训练。

专注有助于解决孩子的胡思乱想问题，不多想，专心应对某一件事，专心思考某一个问题，会让孩子自觉屏蔽那些可以扰乱他内心的事物，使他远离烦躁。

进行与专注有关的训练时，可以和孩子玩找东西的小游戏，比如让他在限定好的时间内，找到妈妈说出来的家中的五件东西；也可以让孩子练习画比较细腻的线条画，比如画大树上的小树枝，画一片草原，画一大束小花朵；还可以让孩子进行倾听练习，寻找生活中的声音，听音辨位，听文找字，听写数字，听记诗歌；等等。

放松训练。

当人的身体进入放松的状态时，情绪也会随之发生改变，尤其同时将深呼吸和身体肌肉放松结合起来，将会尽快让孩子从沮丧中平静下来。

进行放松训练时，孩子可以坐在舒适的地方进行深呼吸，然后从颈部开始尝试放松肌肉，然后逐渐向下放松，肩膀、胳膊、手指、胸部、腹部、臀部、大腿、小腿、双脚。在这个过程中深呼吸要时刻伴随，同时头脑中也要加入安静场所的想象。可以帮助孩子一起进行这种放松练习，和孩子一起慢慢念出放松的部位，从上到下进行练习。

关于面部表情的管理也可以加入练习之中，比如和孩子一起对着镜子练习微笑，保持温暖的面部表情，也会尽快赶走内心的坏情绪。

接纳内心的训练。

每个人都应该认清自己，孩子对于自我内心的接纳，与自己内心的对话，会左右他情绪的表现。如果孩子一直都排斥自己的情绪，那么他的内心就是消极的，但如果他能积极地与自我进行对话，接纳自我，将消极思想变成积极的，那么他对自己和他人的感觉都会变好。

可以引导孩子写下他感觉不愉快的事情，并写下自己的感受，然后再将它们变成积极的想法，写下积极的应对方式。同时，也要鼓励孩子经常对自己说一些积极的话，让他学会调节自己的情绪"天气"。

识别情绪的训练。

很多孩子情绪的爆发看上去都一样，生气会发脾气，难过也会发脾气，委屈还会发脾气，害怕依旧会发脾气……这就会导致他并不能准确地识别自己到底发生了什么，当然也就没法很好地控制情绪了。

那么，识别情绪的训练就很有必要了。在每次孩子闹情绪的时候，引导他注意自己的感受，鼓励他说出这种感受，并帮助他给这些感受归类，使他能尽快识别自己内心到底发生了什么变化。实际上，在识别情绪的过程中，孩子就已经在调动专注力了，而这种专注会放缓他情绪的爆发，使他逐渐回归冷静，毕竟只有冷静状态下他才能准确识别他到底因为什么而闹了怎样的情绪。

赞美友善的训练。

从某种角度来说，坏情绪其实都来源于孩子的消极负面的看法，也就是说他只看到了事物不好的一面，而忽略了好的一面。如果他能将注意力投放在好的一面上，也许他就不会只顾着闹情绪了。

所以，不妨跟孩子一起列举某个人、某件事中值得赞美的地方，让他找找看那些美好的事物，让他能以一种积极乐观的态度来对待各种事物，经常性地产生赞美的心理，这会让他的内心变得明亮美好，从而远离负面情绪。

其实类似的训练还有很多，这就需要多观察孩子的特点，寻找或思考更适合他的缓解坏情绪的方式。还要强调的是，一个好习惯的形成是需要时间的，这些训练也要灵活选择和处理，且要尊重孩子的成长与发展规律。

第八章

勇于放手，教孩子学会独立
——给孩子人生最大的成长力

一些妈妈认为自己是因为操心孩子，所以才会情绪不稳，可实际上，恰恰是她们过分操心，才导致孩子变得让人不省心。孩子应该学会独立，妈妈应该学会放手，所以，不妨做个"懒"妈妈，对孩子的事情不再包办代替；放手，不再给予孩子过度保护；教孩子热爱劳动，学会打理自己的生活；重视培养孩子的生存能力，让他懂得勤能补拙的道理；培养孩子的主见，不让他做"怎么办先生"……这样，孩子才能产生自主成长的动力，才会不断完善自我。

不包办代替
——好妈妈有时是个"懒"妈妈

司马光在《资治通鉴》中提醒世人，"爱之不以道，适所以害之也"，意思就是，如果给予了错误的爱，这份爱恰恰会变成伤害。爱人不得，反成害人，这个可怕的行为古人便已明了，然而如今却是屡见不鲜，很多妈妈正以爱的名义伤害孩子。

如果孩子还小，做不到自己穿衣、吃饭、洗澡，不能清理干净桌子、撕开饼干袋子、端起放满菜的盘子……这是孩子能力不够，作为妈妈，当然是能帮就帮，甚至是包办替代也不为过。

但如果孩子已经上小学了，还不会洗小件衣服、叠被子、整理书包的话，那就是妈妈的问题了，因为孩子已经有这样的能力。这时，妈妈还不放手，还要"伺候"孩子的话，他将不愿意再付出自己的努力。要知道，孩子也有惰性，习惯被"伺候"是多好的"享受"啊！

实际上，没有什么事是孩子学不会的，很多时候只是妈妈自己内心的那种"不忍心""怕麻烦"等心理在作怪罢了。

你肯定希望自己能做个好妈妈，但总是对孩子包办代替就算不上真正的好妈妈了，所以一定要把眼光放得长远一点，要看得到孩子成长的真正需求。

有时候"懒"妈妈反而是好妈妈，不妨一试。

首先，"懒"的前提一定是你之前很勤快。

做一个"懒"妈妈，并不是意味着从一开始就撒手不管，要想实现后期的"懒"，前期的准备工作一定要做足，即在前期积极地培养孩子学会做各种力所能及的事。

除了打理自己的日常生活，比如穿衣洗衣、吃饭洗漱，类似于做饭这样的事也可以让孩子尝试一下（上一年级以后就可以让孩子在厨房打下手，再慢慢过渡到做更多）。不要觉得孩子小，其实他的身体里蕴含着巨大的能量。只需要保证他的安全，教会他识别、躲避危险，他就能让你刮目相看。

其次，有时候也需要放心地见兔撒鹰。

有的妈妈虽然名义上说"我放手了"，可实际上内心还是揪着的，在孩子做各种事情之前，她会频繁地嘱咐，不停地提醒，这其实还是没放手的表现，结果孩子被反复提醒，他会觉得烦躁不说，也会觉得自己动手真是太麻烦了。

所以，这里提倡见兔撒鹰，就是先看孩子自己做，等他做出一个结果了，再决定要不要给他建议。如果他做得好，那建议基本就不用说了；如果他的确出了问题，再有针对性地提出建议，或者给他示范，或者让他重来，这样有针对性的指导，孩子更愿意接纳。

毕竟，孩子还没做，你怎么就知道他做不好呢？频繁的建议和指导，显示的其实是你自己的不信任，敏感的孩子当然会从中有所体会。你越是对孩子放心，他越会有好的表现。

再次，要真的下狠心去应对孩子的懒。

孩子其实都能明白他应该做的事情以及他要做的事情，但是有时候正是妈妈的包办代替才使得他学会了犯懒，结果，他会习惯性地继续来请求妈妈的帮助。

孩子举着小饼干袋子找到妈妈，说："妈妈帮我打开。"
妈妈只看了他一眼，说了一句："要么自己打开，要么就放着别吃。"
孩子"挣扎了"一下，最终还是自己打开了，开心地吃起了自己的"劳动"果实。

有的妈妈总害怕自己的拒绝会伤害到孩子，其实每次孩子过来求助，都是他的一种试探，他在试探你到底能容忍到什么样的程度。如果你总是心软，孩子势必会得寸进尺，你想让他独立，他却在不断地让自己继续滑向依赖的深渊。

孩子远没有那么脆弱，那些他已经完全可以自己完成的事情，你就要将主动权安放在孩子身上，让他养成遇到事情先自己解决的习惯。

最后，尊重孩子想自我表现的意愿。

还记得吗，孩子小的时候（比如3岁时）想要扫地，你是不是说"你扫不干净，别捣乱"？如果经常有类似这样的情况发生，原本可以勤快的孩子自然也就变得懒惰了。可有的妈妈在孩子小时候不让他干，长大后却又总是抱怨他不干，情绪来得莫名其妙。当时不尊重孩子的自我表现，日后却抱怨他不能表现，这种前后矛盾导致自己闹情绪，其实才真需要反思。

如果孩子有想自己做的意愿，我们理应感到开心，并允许他去尝试，教给他必要的方法，告诉他正确的步骤与动作，一次不行就来两次。当他能掌握一项生活技能时，他会非常开心，并会在日后养成自动自发的好习惯，这难道不是一件值得高兴的事情吗？

敢于把孩子"推出门"，严防对孩子的保护过度

孩子能够勇敢地面对外界环境，可以与外人礼貌交往，能够尽快适应陌生环境，会在众人之间找到自己的位置……这些都是孩子独立的重要标志。而要实现这些，如果孩子每天只被圈在家里，是绝对做不到的。怎么办？当然是把孩子"推出门"了。但问题又来了，作为深爱孩子的妈妈，你有这样的勇气吗？

很多孩子的生活充满了各种限制，涉及生活的方方面面，全都出自妈妈的保护。而我们也总是因为孩子想要挣脱这种保护而情绪不稳，总觉得他"不知好歹"。实际上，被过度保护的孩子，永远都学不会独立。

要改变现状，需要先明了自己到底哪里出了问题。孩子没有那么脆弱，并不是一碰就碎。之所以会过度保护，无非是因为你依然把孩子看成

一个弱者——不够独立，没法控制自我……你过强的操控欲封闭了他与外界接触的途径。同时，你也将那些危险过于放大了，听闻某处有孩子溺水，便不再让孩子游泳；听说有孩子模仿动画片做坏事，便不再让孩子看电视；意识到有孩子受到网络侵害，就禁止孩子上网……看似把一切危险都隔绝在外，却也限制了孩子的成长与发展。

孩子的确需要保护，但应该考虑的是怎样给予他真正的保护。比如，在合适的时机，你不妨对孩子说这样几句话：

"来，我们好好学习一下。"

与其小心谨慎、时时处处地保护孩子，倒不如让孩子学会自保。即使遇到问题，也要让情绪尽可能平稳，这会让自己更有智慧。

下面这位妈妈的做法值得思考：

有个上六年级的男孩，一直表现乖巧听话，但某天，他在学校和同学看了对方手机上下载的少儿不宜的视频。老师发现了这件事，便报告给了男孩的妈妈，希望她能提醒男孩，让他不要误入歧途。

妈妈意识到孩子已经步入了青春期，对性本身就已经有懵懂的兴趣，而且这时候一个应对不当，反而会引发孩子反感。所以她选择平静对待，买来合适的《人体百科》和《性教育读本》，一方面和孩子坦诚交流，一方面引导孩子科学地学习。

最终，孩子学到了正确的知识，也弄懂了自己的疑惑，同时通过和妈妈交流也具备了明辨是非的能力，他没有学坏，妈妈也少了担心。

合理的保护，是让孩子学会自我保护，明白规则事理，知道边界在哪里……学得越多，他才会有更多的护身技能。在适当的时候，增加孩子的知识储备，再加上正确的引导，才是真正对他有效的保护。

"我觉得这件事你可以自己解决。"

如果一个孩子每次遇到问题都要来寻求妈妈的帮助,这就证明,你对孩子保护过度了。孩子并非没有解决问题的能力,就看你是不是能给他自我解决的机会。

一位妈妈讲了这样一段真实的经历:

孩子们一起玩的时候,总会有那么一个小姑娘,时不时就哭着去找爸爸、找妈妈,说"没人跟我玩",爸爸妈妈每次都只能安慰她,并代替她恳求大家跟她玩。

有一次,这个小姑娘哭着经过我的面前,依然说着一样的话:"他们不跟我玩。"我说:"你可以去跟他们玩啊,试试过去说'我们一起玩吧',然后看看有什么好玩的事情发生好不好?"她半信半疑,没再哭着去找远处的爸爸,而是按照我说的去做了。

结果,她发出了询问,包括我女儿在内的孩子们立即回应了她,有的说"好啊",有的说"快来,你当……",他们很快就一起玩儿了起来。

你看,孩子是做不到吗?并不是。哪怕是这样一个每次都需要爸爸妈妈来帮忙的孩子,其实也是有着想自己解决问题的意愿的,而且也会非常渴求成就感。

所以,对于孩子的求助,关键就看你怎么去回应,如果你回应他的是"我替你做",那么他就会如小蜗牛一样,将触角重新缩回到壳里;但如果你给予他鼓励,"我觉得你自己可以解决",就会给他信心,他会愿意去尝试。如此一步步向前推进,你一步步放手,总有一天,你会发现他能自己主动去处理各种事情,并不再因为无聊小事而哭着回来向你求助。

"没有人必须要顺从你。"

有的妈妈持有"自己的孩子自己怎么看都好"的态度，有时候就会给孩子施以错误的保护，让他误以为自己总是最好的、最正确的。

孩子很不开心地对妈妈告状："我们一起玩，可他们都不听我的。"

妈妈很平静地回应道："没有人必须要顺从你，他们可以听，也可以不听。"

孩子说："可是我想让他们听。"

妈妈依旧很平静："你可以尝试努力，但你不能要求命令别人，别人有权拒绝你，就像你有权拒绝他们一样。"

孩子点点头，好像明白了。

被拒绝是再正常不过的事情，即便是孩子也要尽早习惯这种经历。要让孩子意识到"众生平等"的道理，他会遇到挫折，也会遇到失败，会被忽视，也会被反对，人生不会顺遂，人际也不会那么和谐欢畅。要给孩子体会这样经历的机会，只有经历过他才不会恃宠而骄，他才能更平和地看待外面的世界。

有时候，让孩子经历失败、得不到、不被满足，也会增强他对挫折的抵抗力。当然，这些负面的经历，要合理适度，不要动不动就不满足他，顺其自然让他经历就好。

热爱劳动
——教孩子学会打理自己的生活

一个能实现独立的孩子，一定是热爱劳动的孩子，因为只有真正投入劳动之中，孩子才能为自己打造干净舒适的成长环境，才能体会到"不劳而获可耻"的道理，才能感受到"付出才有回报"的满足。幸福怎么来？劳动最光荣。

可以说，培养孩子热爱劳动，是培养他独立的最基本也最重要的一项内容。用双手为自己创造幸福，这也应该是我们教育孩子的最终目的。

2018年9月10日，全国教育大会在北京召开，习近平总书记出席并发表重要讲话，强调"要在学生中弘扬劳动精神，教育引导学生崇尚劳动、尊重劳动，懂得劳动最光荣、劳动最崇高、劳动最伟大、劳动最美丽的道理，长大后能够辛勤劳动、诚实劳动、创造性劳动。"可见劳动教育的重要性。

另外，劳动并不会耽误孩子的学习、影响他的成绩，反而会十分有助于他的学习。

哈佛大学一项长达20年的研究表明，爱做家务的孩子跟不爱做家务的孩子相比，就业率为15∶1，收入比后者高20%，而且婚姻更幸福。

中国教育科学研究院对全国2万个小学生家庭进行的调查也表明，做家务的孩子比不做家务的孩子，成绩优秀的比例高27倍。认为"只要学习好，做不做家务都行"的家庭中，子女成绩优秀的比例仅为3.17%，而认为"孩子应该做些家务"的家庭中，子女成绩优秀的比例为86.92%，两者相差悬殊。还有很多实例证明，想孩子成为精英，让他做家务是必不可少的。

我国流传甚广的《朱子治家格言》开篇第一句就是："黎明即起，洒扫庭除，要内外整洁。既昏便息，关锁门户，必亲自检点。"这足见古人对"让孩子做家务"这件事的重视程度。

晚清重臣曾国藩曾说过："看一个家庭是否能够兴旺发达，只要看后代是否能做到三点：一是看是否早起，二是看有没有做家务劳动，三是看是否读圣贤书。"早起做家务，读圣贤书，对一个人的成长、成才非常关键，自古至今，都是如此。

想想看，一个人家务懒得做，学习能勤快吗？适度家务劳动非常有必要，一方面是学习、生活的劳逸结合，另一方面也会让孩子生起对父母的感恩心，从而更加努力学习，即"习劳知感恩"。

可见，劳动中蕴藏着很多生活智慧，可以说这是一个人能够正常、平稳、安定、有序地生活下去的保证。

那么，劳动教育怎样做？不要把劳动想象得太繁杂。正所谓"一屋不扫何以扫天下"，要教孩子爱劳动，不妨从教他打理自己的生活开始。

首先，在打理生活方面，给孩子做个好榜样。

孩子是妈妈的翻版，如果你都不是一个热爱劳动的妈妈，那就别指着能通过你的教育来把孩子培养成一个热爱劳动的人了。所以在打理生活方面，你一定要成为他的榜样。

这个榜样首先要是行为榜样，具体事情怎么操作，怎么才算做完、做好，都要给孩子做示范。要注意的是，你的每次劳动，应该是快乐的，至少也应该是平和的。只有你乐于劳动，孩子才愿意加入这项劳动，否则你带着暴躁的情绪去劳动，孩子潜意识里就会认为"劳动是痛苦的"，他会拒绝。

也就是说，这个榜样你要做得全面，从表面行为到深层效果，再到心理认知，以及精神感受，都要成为孩子可参考学习的对象。

其次，遵循"教授方法——接纳失败——屡次练习——养成习惯"的模式。

教孩子学习打理生活，并不是短期的行为，而是一个较为长期的过程。毕竟要养成一个好习惯是需要时间的，更何况是学习这些生活技能。所以，你要有足够的耐心，同时也要细心。

首先教授孩子劳动的方法。正确的演示，耐心的讲解，合理的示范，并给孩子体验的机会，这些都是有必要的。在孩子学到了基本内容之后，就可以让他上手了，而这时也是最能考验你耐性的时候。你要有思想准备，孩子做不好是正常的，因为一次就成型的行为在大部分孩子身上真是太难出现了，所以你一定要忍一忍，接纳他的不足甚至是失败，并给他更多的练习机会，让他逐渐实现熟能生巧。待到足够的时日，孩子一定会养成令你感到欣慰的良好的自理习惯。

再次，根据实际情况给孩子安排合适的家务劳动。

会做家务并不是孩子独立的表现，能习惯性地去做，并将这种劳动当成是理所应当的习惯，这才意味着孩子正在逐渐具备独立性。因为这代表孩子开始将劳动看成自己生活的一部分，同时他也在为这个家做贡献，他会认为自己做家务劳动是正常的，这种良好的习惯是值得培养的。

为了实现这一点，你就要把自己手里攥着的家务劳动分出去，给家庭每个成员都分一点。孩子的任务可以随着他的成长发生变化，从最简单的帮着收拾玩具，到日后复杂的做饭、整理房间。没有孩子做不到的事情，只要你肯放手，愿意把技能教给他，给他机会去练习，他总能用自己的勤快来回报你。

考虑到孩子的实际能力，不同年龄段的孩子所承担的具体的家务劳动应有所区别，比如：

> 2~3岁：收拾玩具，吃饭分筷子，帮忙拿小件物品。
> 4~5岁：饭前摆放碗筷餐具，饭后收拾碗筷餐具，妈妈洗碗时帮着打下手，试着洗自己的小件衣服。
> 6~7岁：扔垃圾，擦桌子，扫地，洗碗，叠衣服，收拾床铺，浇花，喂宠物。
> 8~9岁：盛饭，到信箱里取信件或报纸，在厨房打下手，自己准备上学的书本、文具、衣服，把买回来的食物、杂物归放在固定的位置。
> 10~11岁：做简单的饭，整理房间，使用洗衣机，换床单、被罩，擦洗车子。
> 12~13岁：做饭，去超市购物，清理冰箱、灶台。

以上安排仅供参考。因为每个孩子的成长情况不同，有的孩子可能只有七八岁就已经学会做饭了，所以要根据孩子的实际情况而定，原则是由简单到复杂。此外，一定要注意安全，凡与电、天然气、火、开水等有关的，必须事先教给孩子正确的使用方法，同时告诉他可能存在的安全隐患，让他在做家务时多加注意。

最后，肯定并鼓励孩子每一次的主动劳动。

孩子会心血来潮，这毋庸置疑。某天，他可能忽然很勤快地帮你收拾了凌乱的沙发和茶几，或者他忽然动手做了一道简单的炒菜。你怎么应对？当然是用肯定的态度去接纳他的劳动成果了，并鼓励他的表现，适当的夸奖是有必要的。

这个时候，最不应该出现的就是你的猜疑。比如，有的妈妈会觉得"孩子是不是做什么坏事了""孩子是不是又想提什么要求了"……这是多么无聊的想法。孩子主动的表现，其原因可能很微妙，他也许就是忽然想做点什么了，也可能是受到了什么影响，你只需要安心看待他的行为及这种行为的结果,如果他愿意告诉你原因,他自然会主动开口。而且,你对他这种主动性的肯定和鼓励,反而会促使他在日后更愿意去发挥主动性。

天道酬勤,勤能补拙
——重视培养孩子的生存能力

人活在世,最重要的是什么?生存。生存是一切的基础,一个人只有先能好好地活下来,才可能有机会去做其他的事情,并有能力为了让自己更好地活着而努力,从而获得优质的生活。

要让孩子好好生存,不妨从"三能"的角度来展开培养。所谓"三能",就是体能、技能、智能。体能,是能否生存下去的基础,强健的体魄会让孩子有资本做各种事;技能,是能否生存下去的保障,精练的技能会让孩子可以镇定应对各种情况;智能,是能否生存下去的关键,灵活的头脑会让孩子获得独立生存的大智慧。

关于体能培养。

现在的孩子中小胖墩越来越多,近视眼越来越多,动不动就生病的越来越多,跑步都可能引发猝死,跳绳也能导致骨折,男孩子肩不能扛、手不能提,女孩子则以各种理由拒绝体育与劳作。

体能是需要锻炼才能有进步的,好身体是锻炼出来的,遵循科学合理的锻炼方法,且要日复一日,这样孩子才能日益拥有强健的体魄。

首先,给予孩子合理的膳食与锻炼。

孩子只有均衡摄入营养,才能保证身体健康成长,并能唤醒身体各部分机能的正向发挥。中医讲，"若要小儿安，三分饥和寒"。平时不要总是让孩子不停地吃，应该合理搭配食物，适当多吃粗粮、蔬菜、水果。

锻炼方面，也要合理，可以从合适的游戏开始，锻炼孩子四肢的力量，让他在快乐玩耍中就能让身体得到锻炼。未来随着孩子的身体逐渐适应，慢慢加入一些他喜欢的锻炼项目或能起到锻炼目的的游戏。

其次，带孩子多亲近大自然。

如果说要选择一个最合适的锻炼场所，大自然是首选。时常带着孩子回归自然，去走走高低不平的路，去踩踏质地不同的地面，接受日光月光的沐浴，感受风霜雪雨的洗礼，自然的力量带给孩子身体的改变是不言而喻的。所以，请收起那些"外面好脏""衣服还得洗"的想法，孩子在大自然中锻炼所得到的体质是什么都换不来的。而且，大自然还给孩子提供了更多的新奇知识，这对于提升他的生存技能也大有好处。

最后，培养孩子养成良好的健康习惯。

要尽早将健康习惯扎根在孩子的内心，让他在未来不会因为其他的自我选择而做出伤害自己身体的事情。

比如，提醒孩子多喝水，而不是各种饮料，即便日后他自己生活了，也要选择以水作为日常的"饮料"，而不是充满各种添加剂的果汁、饮料；提醒孩子不要将油炸、速食等食品当成吃饭时的主要选择；提醒孩子不要将零食当成主食。

还比如，提醒孩子选择适合自己的锻炼项目，而不是跟风去做任何可能伤害自己的训练，尤其是男孩子，不要逞能，不需要装酷；提醒孩子在锻炼的时候注意安全，注意健康，不为了诸如"变帅""变瘦""变美"等某些追求而强迫自己。

关于技能培养。

生活中的技能数不胜数，而且技能也是分层次的。就拿做饭来说，怎样做饭需要技能，怎样把饭做得好吃需要更多技能，怎样把饭做得好吃又好看就需要更高级的技能。这些技能是让孩子能应对各种情况的重要保障。

第一，要让孩子掌握各种基本技能。

基本技能是生存所需的最基本的能力，穿衣吃饭、喝水刷牙、洗头洗澡等，这些都是基本技能。根据孩子不同阶段的成长需求，逐步将这些技能教给他，并培养他养成自我主动去做的习惯。

正因为这些是最基本的生存技能，所以一定要做到在这些方面敢于放手，不能总觉得孩子慢，哪怕再慢，也要让他自己完成，并不断给他机会让他自己完成，直到他将这些技能牢记心中。

第二，教孩子学会生活中的一些高级技能。

所谓高级技能，就涉及生活中一些工具的使用。孩子并不是生活在只需要打理好自己就可以了的环境中，他还需要借助各种工具来完成各种事情，以保证自己的继续生存。

所以，怎样使用刀叉剪子、锤子钳子、各种开关，怎样启动各种电器、煤气灶等，都需要教给孩子。担心孩子的安全问题是有必要的，但正因为你科学合理地教给了孩子这些技能，他才会自己去规避危险。

第三，培养孩子具备保护自我的技能。

能够自我保护，是独立的最大保障之一，这样的孩子永远都会有一颗警醒的心，总能最大限度地降低对自己的伤害。所以，这方面的技能培养，也是重中之重。

提醒孩子要记住家里人的姓名、电话号码、地址，记住重要的报警电话、求救电话，随时随地教孩子牢记交通规则，牢记各种防骗技能，教孩子学习应对各种危险，等等。要以符合孩子接受能力的表达，让孩子适当了解真实的社会，培养他具备"害人之心不可有，防人之心不可无"的自我防御能力，让他在能保持良善之心的前提下还能有足够的自保能力。

关于智能培养。

虽然掌握了很多能力，但在关键时刻是否能让这些能力发挥作用，这就是智能所起到的重要作用。假设一个场景，如果孩子一个人被反锁在了家里，他需要知道怎样保证自己最基本的身体健康与安全，需要知道通过怎样的方式来求助让自己获得自由，还需要知道以怎样的方式来通知父母及其他人自己的情况。

第一，培养孩子足够的心理承受能力。

遇到事情，如果孩子只顾着害怕，只顾着担忧、焦躁，那么不管他有什么技能恐怕都施展不出来。孩子只有在冷静状态下，才能调动他的智慧，让他所有的技能都得到发挥。

所以，平时要让孩子适度经历挫折，让他意识到"人生很难一帆风顺，也会经历挫折"；要建立和孩子直接沟通的渠道，告诉他"计划赶不上变化"的道理，让他有能正视并承受某些变化的能力；还要培养孩子具备自信心，多给他自我解决问题的机会，多给建议，少提直接性的要求……

第二，提升孩子的社交能力。

人是社会动物，不可避免地要与周围人接触，并建立各种各样的联系。良好的社交能力，会让孩子与周围人形成紧密的联系，这有助于他日后各种活动的展开，也能在有需要时获得更多有效的帮助。

在家中，应该淡化以孩子为中心的生活模式，引导他与其他同龄人建立平等的关系，不搞特殊化，教孩子意识到长幼有序，意识到兄友弟恭。同时培养他具备分享能力，具备在保证自我原则的前提下合理地接受他人、拒绝他人的能力，培养孩子具备合理处理人际矛盾的能力，提醒他要言而有信、严于律己、宽以待人、尊重他人。

第三，注重孩子的思考创造能力。

思考与创造，是最能体现智能技能的内容。平时要多给孩子思考的机会，在他询问"为什么"的时候可以给他一些引导性的回答，鼓励他自己去思考解答，并鼓励他多提问。也可以多给孩子一些任务，比如整理房间，寻找某样东西，让他思考应该怎么做，不用过多干涉，鼓励他独立完成。

培养孩子的主见，不让他做"怎么办先生"

有主见是一个独立人的重要标志，可以自己选择与决定，不会因为他人的干涉就轻易动摇，但也不会完全不理会他人善意的劝说。有主见的人会比没有主见的人更快地进入前进的状态，他不会因为犹豫而徘徊不前，也不会因为贪心而不能选择。

现在很多孩子缺少主见，他们依赖于任何可以允许他们依赖的人。没上学时，爸爸妈妈或者其他家庭成员就是他的依赖；到了学校，老师和其他某些同学就是他的依赖；等进了社会，又会有其他合适的人被他选为新的依赖。然而每个人都有自己既定的道路，每个人也都有自己要做的事情，如果过分依赖他人，最终只能变成他人的累赘，一旦被抛弃，又将何去何从？

所以，不能觉得孩子对你的依赖是他爱妈妈的表现，要知道，过分的依赖正在把孩子变成"怎么办先生"，应该集中精力带他远离各种"怎么办"，让他成为可以真正独立自主的人。

首先，尊重孩子的自我意愿。

你是不是习惯于替孩子做各种决定，并且还不征求他的意见？

晚上临睡前，妈妈提醒孩子："你去厕所小便一次。"

孩子说："妈妈，我没有尿。"

妈妈立刻不高兴了："你怎么能没有尿呢？你必须小便一次。"

孩子有点儿难受地回应："我真的不想尿啊！"

妈妈说："你现在不尿晚上该尿床了。"

孩子很不情愿地去了卫生间，半天都没什么动静，妈妈这才作罢。

就像这位妈妈一样，一些妈妈也事事都打着"我为你好"的旗号为孩子做出决定，一旦孩子不遵从，妈妈反而闹上情绪了。然而孩子也有自己的想法，如果你选择不尊重他的意见，他的自主思想就无法发挥出来。

所以，要给孩子这样的机会，允许他自由表达。在生活中可以加入这样的练习，比如，去超市购物，询问他要买什么、做什么用；带他出门，询问他想怎样去目的地，选择怎样的路线；在他自己做完一件事后，询问他的想法，让他表达自己的看法。

尊重孩子的自我意愿，会让他更重视自我意识的发展。

其次，多给予孩子启发式的回应。

孩子问"这是什么""为什么"时，如果直接回答他就相当于给他的思想打上了某个小烙印，那么在他再遇到类似事情时，他会有先入为主的认知，但这个认知并不来自他，所以他记得不会很牢靠，只能一次次死记硬背，认知发展效果就会差很多。

所以，不妨给予孩子启发式的回应，在注意倾听孩子每一句话的同时，鼓励并引导他自由表达。孩子犯错时，也要允许他辩解，同时观察他所说的是否有理有据，这对于培养孩子的逻辑思维很有必要。

再次，逐渐放权给孩子。

随着长大，孩子开始有自我思考能力了，这时应该慢慢把选择的权利放还给孩子。从穿什么衣服，到吃什么东西，再到去哪里、做什么、怎样做，都可以让孩子进行自主选择。

有时候孩子的选择会是特立独行的，比如，曾经有一位妈妈就说：

我的小女儿在炎热的夏季忽然想穿新买的雪地靴去沙滩。为了确定她的想法，妈妈让她在雪地靴与沙滩鞋之间做选择，小女儿毫不犹豫地选择了雪地靴。于是妈妈便允许她穿着雪地靴去了沙滩。热得出汗的小女儿最终明白"什么季节穿什么都是有规律"的道理。

孩子的选择虽然不一定都是对的，但是在不伤害他的前提下，让他自己去承担选择的后果，对他来说是一件好事，他会通过这些失败的经历学到生活中的很多真理。所以在面对孩子的种种选择时要保持良好的情绪，不需要发着火告诉他"你这样选不对"，你说的"不对"都不管用，只有他自己体会到了"这不对"，他的人生经历才会得到积累。因此，这时候也正是妈妈学习控制情绪的好时机。

最后，引导孩子合理自主。

孩子的自主并不是完美的，要引导孩子合理地、有原则地自主。所以，在一开始就要给孩子建立正确的"三观"，为他打好正确的人生基础。不过不能操之过急，尤其是当孩子进入人生的叛逆期时，更要给予他合理的引导，以免引发他的叛逆心理，导致相反的效果。

努力成为理智的妈妈，在孩子站在人生十字路口的时候，要避免孩子的一意孤行，给予他合理的建议，并认真分析不同选择的利弊，让孩子自己做选择，从而保证他能以正确的态度来表达主见。

爸爸篇

爸爸的格局决定孩子的未来

什么是格局？格，就是对认知范围内事物认知的程度；局，就是在认知范围内所做的事情以及事情的结果。从哲学角度看，"格"就是人格，"局"是人的气度、胸怀。简而言之，格局就是一个人的眼光、胸怀、胆识、刚健等心理要素的内在布局。在某种程度上，格局就是布局，而布局决定结局。一个人的格局有多大，他的人生舞台就有多大。

我们都对孩子的未来充满无限期待，期待他能站得更高、看得更远、走得更稳，取得更大成就。怎样才能实现这个期待呢？就要看我们的格局了。孩子从爸爸身上感受到的最大影响，就是爸爸的格局。可以说，爸爸的格局决定孩子的未来。爸爸的大格局会带给孩子正确的人生方向、精准的人生布局，孩子自然会有好的成长与发展，因为"青出于蓝而胜于蓝"。

第九章

爸爸的格局决定孩子的未来
——好爸爸就是要有大格局

如果一个人有格局，他的眼界、胸襟、胆识就会很广大，所认识的世界就越广，对事物的发展也会有深刻精准的认知，其思想也会更深邃，而思想又会指导行动，认准目标、勇往直前、义无反顾，人生必有所成就。如果孩子有这样一个爸爸，也会拥有大格局，当然会有好未来、好人生。所以，好爸爸就是要有大格局，这是给自己也是给孩子的最好投资，因为"谋大事者，首重格局"，格局决定布局，布局又决定结局。

爸爸的格局，到底会带给孩子什么样的影响？

德国哲学家卡尔·西奥多·雅斯贝尔斯（Karl Theodor Jaspers）说："教育的本质意味着：一棵树摇动另一棵树，一朵云推动另一朵云，一个灵魂唤醒另一个灵魂。"所以，教育者自身的格局，决定了孩子未来成长的走向。

如果说妈妈的情绪左右的是孩子内心世界的发展，那么爸爸的格局引领的就是孩子外部世界的开拓。大格局的爸爸，其自身的能量影响，将会给孩子带去成长的力量,树立成长的规则,并使之学会自立自强自控。

曾创办平林中学、乐益女中,推动女子教育的教育家张武龄,洁身自好,痛恨赌博,从不玩任何纸牌,不吸烟,滴酒不沾,倒是从小嗜书如命,一生热衷公益办学。

张武龄膝下四女六子,仅从儿女的名字上就能看得出他的境界与格局。四个女儿的名字分别为元和、允和、兆和、充和,六个儿子的名字则分别是宗和、寅和、定和、宇和、寰和、宁和。女儿们的名字都有"两条腿",张武龄希望她们能够尽可能迈出闺门,走向外面广阔的世界;儿子们的名字则都有一个宝盖,他希望他们能光大祖业、继承家业。在张武龄看来,女孩子的内心一定要广大,男孩子的内心则一定要有家。

张武龄酷爱读书,他和妻子经常在书房读书,孩子们耳濡目染,也都养成了爱读书的好习惯。张家的藏书库房中,收藏了数以千计的古籍书卷、不计其数的古文雕版。而张武龄也乐见孩子们随意自由地翻阅他的藏书。张家甚至发动所有的保姆也认字读书,在家中形成了良好的读书氛围。

不仅如此,张武龄也给予了孩子们最大限度的个性成长空间,他鼓励他们按照自己的兴趣和爱好无拘无束地发展。

虽然看似自由开放,但是张武龄又规定了严谨的家教:来客要规矩问礼、不得在客人面前吵闹、不得玩骨牌赌博……但却可以培养更优雅的兴趣,比如赏学昆曲。因为张家自张武龄祖父时起,就对昆曲情有独钟,张武龄更是常年包下戏园的一整排座位,带着全家老小去欣赏。

在张武龄的志趣熏陶下,四个女儿也培养出了高贵不俗的气质:长女元和,精昆曲,嫁给了名噪一时的昆曲名家顾传玠;次女允和,擅诗书格律,嫁给了语言学家、"汉语拼音之父"周有光;三女兆和为名编辑,与一代文豪沈从文携手一生;四女充和通书法,执教于耶鲁大学,丈夫是汉学家傅汉斯（Hans Hermannt Frankel）。当年，著名教育家叶圣陶曾感慨地说："九如巷张家四个才女，谁娶了她们都会幸福一辈子。"说的就是家住苏州九如巷三号的张武龄的四个女儿。果然说得没错。

除了四个女儿，六个儿子也都出类拔萃、学贯中西。

张武龄对子女的教育之所以如此成功，是因为他找到了教育的终极目的——让孩子们拥有获得幸福的能力。张武龄也给孩子们做出了好榜样，他一生拒不做官，倾其所有、甘之如饴地致力于大办学堂和公益教学。人们认为他傻透了，可是张武龄的大格局却影响了孩子们对幸福的理解，尤其是四个女儿，不追名逐利，自得其乐，文章、诗词、书法、绘画、昆曲，都能成为她们快乐的源泉。张家人的幸福，都不是向外寻的，而是向内求的。

张武龄给我们做了一个最好的例证，身为一位父亲，自身拥有的格局，会在方方面面给子女带去深刻的影响。在当时的年代，正是张武龄的高远格局，才没有让女儿们只局限于闺阁之中，她们有了更广阔的生活选择，不论是思想还是现实，她们都拥有更高的眼界。

而与女儿相比，爸爸的格局对儿子的影响将更为重要。就像妈妈是女儿的参考标准一样，爸爸就是儿子的模仿对象，儿子要成为一个怎样的男子汉，全看爸爸为他搭建了怎样的格局。因为在成长过程中，男孩会有意或无意地模仿爸爸的角色和行为，从而形成具有鲜明性别特征的行为。

在这方面，曾国藩也是一个很好的榜样。曾国藩在治学、修身方面均取得令人敬仰的成就，尤其是在读书方面。在那个人们普遍认为"读书就是为了中举当官"的时代，曾国藩却以更大的格局来看待读书，正如他自己所说的，"谋大事者，首重格局"，他教导弟弟、儿子们，"静坐自我妄为，读书即是立德"。曾国藩的读书秘诀被当成家训传给了后世，正是因为当时他的大格局打下了良好的基础，曾氏家族人才辈出，连续几代都在教育、文化、科学等领域取得了令人瞩目的成就。

《战国策》说:"父母之爱子,则为之计深远。"的确如此。做爸爸的如果能用自己的大格局引领孩子勇攀高峰,那么子孙后代都将受益良多。

爸爸的思想高度,决定了孩子的人生高度

思想,从基本定义来看,是客观存在反映在人的意识中经过思维活动而产生的结果,正确的思想对客观事物的发展起到促进作用,错误的思想对客观事物的发展则起到阻碍作用。一个人思想的高度,将决定这个人的眼界、格局,决定他的生命可以到达怎样的高度,同时也在很大程度上决定着他的子女的人生高度。

一般来说,一个家庭中在思想方面起到把控作用的是爸爸,爸爸在宏观意识上进行把控,他的意识决定孩子的一生。这是因为妈妈不管是付出爱还是思考都会表现得更细腻、温柔,孩子会从中获得满足感;而爸爸则会有更长远的思考、更深邃的思想,所以爸爸可以给予孩子正确的人生方向。

所以,如果爸爸的思想高度不够,孩子的人生方向就容易偏离正轨。

一位幼儿园老师对此就很有感触,她认为,班里孩子们的种种表现,直接就反映了家人的思想认知。

比如有一个小女孩,总是顶撞老师,对老师说"你说得不对"。后来老师经过了解才发现,原来小女孩的爸爸就经常跟她说:"我小时候就总是挑老师的错。"爸爸的这种说法让她理解成"挑老师的错是正常合理的、是对的",结果小女孩对老师就没有了敬重之心。

还有一个小男孩，每次在收拾书本、椅子、画笔的时候都不积极，老师提醒他："要和大家一起劳动。"他就说："我爸爸说了，收拾的事儿不是男子汉应该做的，我是要做大事的人，我爸爸就不干活，都是我妈妈和我奶奶做。"孩子已经不自觉地将爸爸的言行当成了自己的行事标准，但遗憾的是这个标准是错误的。

可见，爸爸的思想认知对于孩子的影响很大。所以爸爸的思想一定要正——正确、正派，还要有高度。

再比如关于读书，不同的人自然是有不同的理解：有的爸爸认为"读书就是为了赚大钱"，那么他的孩子也就只认准"选择可以赚钱的知识技能"；有的爸爸认为"读书可以改变命运"，那么他的孩子就会希望借助知识的力量来为自己铺好改善现状的道路；有的爸爸则认为"读书增长智慧"，那么他的孩子会将读书看成提升自我内涵的必由之路；还有的爸爸以读书为乐，自己与书为伴，孩子几乎不用过多提醒，也会跟着爸爸的态度去对待书。

这就是爸爸的影响力，历史上也有很好的证明。

相传，苏轼、苏辙兄弟二人小时候顽皮异常，贪玩而并不想学习。

每当他们玩耍的时候，父亲苏洵就坐在他们可以看得到的一个角落里看书，看得聚精会神，遇到精彩的地方，他的整个神态都不一样了。兄弟俩看他的样子好奇地围过来，他却会将自己正在读的书藏起来。几次之后，兄弟俩的好奇心被调动起来了，他们以为父亲在读的是什么非常有意思的东西，于是就趁着苏洵不在的时候把书翻出来，自己认真阅读。

慢慢地，苏轼、苏辙也把读书当成了一种乐趣，从而成长也渐入正道。正是父亲的正确引导，才有了历史上的"三苏"齐名，才有了"唐宋八大家"苏氏父子尽数入席的传奇。

一门三学士，这就是爸爸的思想高度对于孩子的重大影响。

那么说到具体的内容，爸爸的思想高度要高，爸爸要做一个"高"人，到底应该高在哪里呢？这答案其实就在"通达"二字之上。

爸爸要做"通晓洞达"之人。

所谓通晓洞达，是指理解得清楚、看得透彻的意思。爸爸要能站得高、看得远，不仅学得多、知道得多，也要能把自己的人生之路看清楚，把家庭的发展之路看清楚，把家里上上下下的事情都理顺，什么事能做、该怎么做、遇到问题又怎么办，爸爸应该要能挑得起家里的种种担子，正因如此，爸爸才被称为家里的"顶梁柱"。只要有爸爸在，妈妈便有了依靠，孩子也知道要守规矩，所有人都能清醒地在自己的位置上发挥自己应尽的作用。

爸爸要做"通情达理"之人。

通情，就是要通晓人情世故，通晓夫妻之情、父子之情、儿女亲情；达理，则是要通晓义理，明伦理，尊道德，有原则。在足够多的知识、能力的支撑下，爸爸可能实现达理，但理论并不能单独存在，爸爸还要实现能够通情。因为在很多家庭中，爸爸都肩负着给家人讲道理、调解家人关系的重要作用。所以，从维系家庭和谐的方面来讲，爸爸就要做一个通情达理的人，要能用感情来温暖人心，用道理来点醒头脑。

爸爸要做"沟通传达"之人。

情绪中的妈妈会变得不讲理，情绪中的孩子也会拒绝接纳各种说教，所以此时爸爸站在另外角度的沟通交流就显得非常重要了，爸爸可以起到一个缓和家中气氛，并解说双方意图的重要作用。也就是说，爸爸的沟通传达能力对于家庭的幸福发展很关键。

举个简单的例子，妈妈和孩子闹矛盾，爸爸就可以向妈妈传达孩子原本的意图，也可以和孩子沟通妈妈原本的善意。因为爸爸的"通达"，可以很容易判断出事件的性质，从而做出更好的沟通劝解。而借由爸爸的口表达出的双方意图，也会让妈妈和孩子更容易接纳。

爸爸有格局，对孩子的爱与管教才能真正发挥作用

在有的家庭中，一提及"爸爸的爱"，可能都是一种肆无忌惮的放纵，就是"只要有爸爸在，孩子就不怕妈妈的训斥"，就是"有事了爸爸给撑腰"；而一提及"爸爸的管教"，孩子往往都会感觉很严厉，爸爸一声吼可是能吓哭孩子的。

但实际上，不管是肆无忌惮的放纵式的爱，还是过分严厉的管教，都不能让孩子从中受益。爸爸在教育方面的确必须具备爱与管教这两个基本的品质，但是怎样的爱是合适的？怎样的管教是有意义的？这些也同样取决于爸爸自身的格局大小。

有大格局的爸爸是严慈相济的，对孩子有理解与尊重，爱得温暖而又合理；同时也会教给孩子规矩，树立正确的原则。如此一来，孩子既感受到了满足的爱，也得到了成长的启示。

美国心理学家鲍姆令特（D. Baumrind）认为，教养的方式有两个重要的方面：接纳/反应，命令/控制。

接纳/反应，也就是关爱，且是正确地爱。

很多爸爸因为种种原因并不常在家，于是在见到孩子时多半会有一种弥补心理，对孩子的爱也就变成了放纵。实际上，爸爸的爱不需要用这种

弥补的方式来展现，就算很久未见，爸爸也应该给予孩子让他感觉温暖且合适的爱，正确地接纳孩子的各种反应，并给予正确的反馈。

比如，听听孩子因为很久未见而不停向你讲述的各式各样的小故事，用你的耐心认真倾听，适当地给出合适的回应；回答他提出来的各种各样的关于你的问题，让他了解你不在家的时候都做了什么，给他安心；用难得相处的时间和他玩游戏，哪怕是最简单的"亲亲抱抱举高高"，都会让孩子感觉很不一样。

需要注意的是，不要总是用金钱和物质来当成弥补的内容，也不要无限制地满足孩子此时提出来的任何要求。否则，孩子会认为，"爸爸一旦不在家，就必须要给我准备礼物；爸爸一旦回家，我的很多愿望就可以实现"。这也是体现爸爸格局的重要方面，有高瞻远瞩的爸爸，绝不会用金钱和无限满足来"毁灭"孩子。

家不是旅馆，爸爸也不是旅客，爸爸对孩子有着教育、引导的责任，所以不能给予这么"客气"的表示。即便不常在家，爸爸也要让孩子感受到"爱常在"。而一旦回家，爸爸也要正常地表达自己见到孩子后的欢喜，表达自己想念孩子的感情。爸爸表现得越正常，越是关爱合理，孩子越能尽快获得满足，反而越不容易变得任性。

命令/控制，则是管教，就是爸爸对孩子的管控教育。

对孩子的管教，对于很多爸爸来说是两个极端的表现，要么是过分严厉，不管孩子做什么都要看爸爸的脸色；要么是得过且过，觉得"有妈妈教育就够了"，但也是典型的"平时不教育，事发才暴怒"。

虽然说是"命令""控制"，不过爸爸要知道怎样的命令是能让孩子主动接纳的，也要知道怎样的控制可以让孩子既有自由感又能被约束。这同样要求爸爸要有大格局，要能透彻了解孩子的心理，了解教育的真谛。

合理的"命令"应该包含两点,其一是要保证对孩子人格的尊重,给孩子留下足够的思考空间;其二则要包含不能被动摇的原则,正是这些原则才起到了"命令"的作用。爸爸的管教并不是可怕的,而是应该在合理的道理之下,让孩子自己意识到问题,并认同爸爸所提出来的观点,从而产生主动服从的心理。

当孩子能够主动服从于爸爸提出来的那些合理的原则时,也就相当于爸爸的"控制"起了效果,最好的"控制"是孩子能够学会自控,正确的道理是帮助孩子为自己树立起行为的规范,让他能够形成自我约束的心理。"控制"的目的,其实就是为了不再对孩子进行任何形式的控制,他能在有规矩的自由下成长。这样的孩子不论是学习还是人际交往,成功的概率都会更大,且有良好的自立能力,更有较高水平的自尊,有足够的自信,也会拥有较为健全的人格,他自然会去追求自己的幸福,且能保证幸福常伴。

敢于梦想
——鼓励孩子思考未来,教他从小就做人生规划

孩子都是有梦想的,你一定从他的口中听到过各种各样的"我以后……",当科学家、当主持人、当警察、当司机,去外国、去月球、去宇宙,买好多玩具、做各种东西、带你们去好玩的地方玩……

有梦想,代表孩子愿意思考,这是好事。但有的爸爸会说:"孩子今天一个想法、明天一个想法,都是随口一说,你要是当真了,那不是白浪费感情了?现在他就应该好好学习,学了本事以后想干什么到时候再说也不晚。"类似这种说法代表了一大部分爸爸的心声。也就是说,很多爸爸并没有重视孩子的梦想,或者认为孩子的梦想是心血来潮瞎说的。如果真

是这么认为，那就有点遗憾了，就像一句广告语说的，"梦想还是有的，万一实现了呢！"所以，孩子的梦想，无论大小，都值得鼓励。而且，要引导孩子从小就为未来做规划。

在做一件事前，如果有好的计划，那么在执行时就会轻松一些。孩子的成长也是如此。所以要鼓励他敢于梦想，思考未来，在尊重理解他的基础上教他做人生规划，那么他的成长也会因为有目标而不再迷茫。

所以，有大格局的爸爸，会比孩子看得更远，也会比孩子考虑得更详细周到，不妨试着这样做一下：

首先，正确对待孩子口中的"我以后"。

孩子在表达"我以后"的时候都会很开心，这同时也是他的想象开始大放异彩的时候，所以我们首先从态度上要给他一个良好的回应，满足他想表达的欲望。

孩子说出"我以后"的时机，往往都会有一个前提，比如他在电视里看到了某个景象，在生活中遇到了某个人，玩的时候做了某件事，等等。我们也要善于了解引发他"我以后"的前提，看看他是在什么契机下才出现的对未来这样的思考。

了解前提和"我以后"，就可以和孩子针对他的想法来一次简单的交流，问问他"为什么这么想""想怎么做"……口头上的简单引导，也是在帮助孩子学会理顺思想。

其次，看清孩子对未来思考的"合理性"。

有的爸爸习惯于去判定孩子的思考是否正确，站在成年人的角度给出肯定或否定的结论。比如，孩子如果说"我以后要出国留学""我以后给你买好多好吃的"，相信爸爸会感到欣慰、满足；但孩子若是说"我也想去卖糖葫芦""我以后要做个厨师"，相信爸爸就会表现得不那么开心，并进而指出"你这样想都不对",可能还会再给孩子讲大道理。

但仔细想想,难道孩子说的就真没有道理吗?就真不合理吗?并非如此。合理与否,并不是由我们的接受情况来判定的,而是应该看孩子思考的缘起、过程,以及对梦想的评估、期待、实现路径的看法等要素。

我们没有权利去否定孩子的任何一个"我以后",当我们可以理智、客观地看待这些事时,孩子才不会对这些事带有偏见。当然,如果你有关于孩子未来的想法,可以告诉他,为他指出具有参考价值的思考方向,引导他去进一步思考这一方向,但最终的选择权却要交还给孩子,让他自己来决定。

再次,引导孩子从小计划开始,体会规划的益处。

要让孩子体会规划对他的好处,可以先从日常生活中的小计划开始。比如,要出去玩,那么去哪里、怎样去、几点出发、路程怎样、游玩路线是什么、什么时候回程等,这些都是计划的一部分,可以鼓励孩子一点点尝试。当他习惯了用计划来安排生活、学习之后,他对于规划更长远的目标也就不那么迷茫了。

在订立这些小计划的时候,可以给孩子一些简单的建议,最好能鼓励他自己完成,因为自己订下的内容,孩子会更有自我监督的意识。

最后,教孩子为自己的人生做规划。

人生规划需要孩子慎重考虑,并不是一次就能成型,因为孩子成长的道路中充满了各种变数,所以要引导孩子学会多向思考,学会未雨绸缪,也要学会脚踏实地。

可以从孩子最想实现的一个目标入手,和他一起分析要实现这个目标需要哪些能力,要获得这些能力又需要怎样的准备,可以采取树状图的方式让孩子把他能想到的内容都记录下来,一步步推导至他当下的状态,然后他就能明白自己现在应该做什么了。

这种规划一定要让孩子做得切合实际，给孩子足够的思考时间，以免他频繁更改或者半途而废。当然要更改也是可以的，那么一切都要从头开始，孩子要做好心理准备；至于说半途而废，那么一切后果都要孩子自己去承担，我们不要发怒，也不要表现得很失望，要寻找孩子之所以半途而废的原因，帮他克服某些困难，引导他走出迷茫。

"三力"教育
——培养孩子的预见力、判断力与行动力

大格局的爸爸可以给孩子做出类似的好榜样：他有较高的预见力，他的远见卓识可以保证他提早出发，做好充足准备，从而实现事半功倍的效果；他也具有良好的判断力，能够做到是非分明，可以做出更正确的决定；他同时还具有强大的行动力，会将思考化为行动，并且雷厉风行，善始更善终。

显然预见力、判断力与行动力这"三力"同样也是孩子成长所必需的，作为有大格局的爸爸，也要将自己在这"三力"方面的感悟传达给孩子，让他同样重视起对自己的"三力"培养。

先说预见力。

预见力是一种思维能力，是指一个人可以根据事物的发展特点、方向、趋势来进行预测、推理。美国教育家杰罗姆·布鲁纳（Jerome Seymour Brune）认为，"机灵的预见、丰富的假设和大脑迅速做出的实验性结论，这是从事任何一项工作的思想家极其珍贵的财富。"拥有良好的预见能力，孩子可以对事件进行预判，从而抓住合适的机遇，遇到问题也能从容不迫、积极应对，并有效规避风险，增加成功的概率。

要培养孩子的预见力，爸爸不妨从以下几个方面着手：

第一，带领孩子认识事物的发展规律。

了解事物发展的规律，是让孩子具备预判力最好的前提。因为所有事物都必须要经历一定的过程才会实现自身的发展，而了解规律之后，就可以在事物还未发展到某一阶段之前而做好各种准备，以保证发展的顺利进行。

放到日常生活中来看，适当地给孩子讲一讲有些事情为什么这样做、有怎样的道理、他可以得到怎样的结果，可以帮他建立基本的判断。相比较于妈妈对生活细节和情感方面的关注，爸爸这种更为理性的引导方式，会让孩子学会理性思考，同时也将引导他养成认识和追寻事物发展规律的好习惯。

第二，引导孩子探索和了解未知。

预见力最能得到发挥的情境，自然是面对未知的时候，需要人依靠自己所掌握的知识和思考能力，去为还未发生的事情做一个假设。而面对未知，很多人会本能地害怕，只愿意在自己熟悉的领域范围内活动。

许多孩子就是这样的表现，比如有的孩子在外面不敢说话、不敢与人沟通、不敢自己去做某些很简单的事情，这就是他们对于未知的恐惧。而要帮孩子消除这种恐惧，爸爸是最佳的人选。爸爸引导孩子去接触未知、探索未知，进而再了解未知，这会让孩子感觉非常安心。

第三，教孩子学会适应外界变化。

预见并不只是想想就算了，重要的是孩子还要学会适应这些变化，并根据变化来调整自己的表现，而不能因为变化的出现就躲避开来，否则成长的道路也将随之被封闭。这个时候，爸爸将成为孩子的支柱，爸爸带给孩子勇气，教他学会调整自己适应变化，给他以勇气，使他勇敢地去面对未来更多的未知。

再说判断力。

判断力决定着一个人对现实表现出来的态度及行为方式，只有判断正确，从思想到行为的表现才能健康发展，如果判断错误，那么人就很有可能会被引入歧途。孩子需要具备一定的判断力，否则单纯的好奇心会引导他接触尝试各种危险事物。

拥有大格局的爸爸自己首先就是一个是非分明的人，自己内心就会有明确的做人原则、道德底线，他能分得清情理，有智慧，在大是大非面前不会被冲昏头脑，可以理智地解决各种问题，更能抵制住各种诱惑，因为他会判断其中的风险以及不良后果。爸爸的这种准确的判断力会带给孩子触动，爸爸的坚持也将成为孩子的坚持。

当然，只靠自身影响还不够，还需要做更多才能培养孩子的判断力。

第一，帮助孩子建立基本的做人准则。

一个人的做人准则是他是否具有基本判断力的基础，也就是要让孩子知道一个人最起码要懂得哪些做人的道理。除了良好家风的传承，也可以借助《弟子规》《朱子治家格言》《童蒙须知》等传统经典来引导孩子从一开始就规范自己的衣食住行、言谈举止。

第二，明确是非规范并且不轻易妥协。

孩子的某些需求是可以被满足的，但有时候他会借助哭闹、撒娇来达到无理要求被满足的目的。很多爸爸有时候会因为陪伴时间少而带着补偿心理去应对，这就很容易让孩子一次次突破底线，如果没有是非规范的约束，孩子的判断力也将受到影响。所以，爸爸要自始至终坚持已经订立好的规矩，让孩子明白他并不能为所欲为。

第三，引导孩子坚定自身准则不动摇。

在成长过程中，孩子不断学习如何建立自身应遵守的规范、准则，但是他人、他事、他物的影响，都可能令他心生动摇。比如，原本孩子养成了早睡早起的好习惯，但听说同学们都睡懒觉，他可能也会想尝试一下，这时他的判断力就受到了周遭不良习惯的影响，如果他不够坚定，原本的良好习惯就会被替换掉。所以，我们要做意志坚定的爸爸，有主见，并能坚定信念，也由此而引导孩子不要轻易为外力因素改变自己的行事准则。

再说行动力。

行动力体现在说到做到、多做少说，以及把事情做完做好之上。很多爸爸其实就是少说多做型的，很多事情都直接用行动来表现，这就已经可以给孩子树立一个好榜样了。孩子在行动力方面一般都是会有惰性的，我们要有智慧地引导他去行动。

第一，说到做到。

很多孩子可以做到"随便说"，却不能实现"说到做到"。当话语与行动分离时，人就是在"讲空话"，这很容易引发周围人的反感，也不利于孩子自身技能的提升。所以我们要给他树立一个言出必行的榜样，说了就去做，否则便不说。话在出口前多考虑，一旦出口便要立即执行，这才是真正具有行动力的体现。

第二，多做少说。

俗话说，"说得多不如做得多"，说的是要实际，而非空口画大饼。

有的孩子习惯于说"我以后肯定能行""我下次绝对不犯错",这样的表达只是口号,要引导孩子多用实际行动结果来证明,而不只是口头保证。少说多做,做得越多,实际成果就越多,很多事情也就做成了。

第三,做完做好。

把事情做完做好,是良好行动力的一个重要证明。孩子有时候会半途而废,有时候又会虎头蛇尾,这都是需要纠正的问题。既然决定做某一件事,就要有始有终,且要尽自己的努力,这样才对得起自己,也更能让自己体会到努力付出所换来的成功的喜悦。

第十章

培养孩子正确的价值观
——价值观对孩子是最好的滋养

> 价值观就是人们对人生价值的认识和根本态度，是人生观的组成部分，具有行为取向的功能。孩子价值观的形成，与家庭教育有很大关系，与爸爸的格局有很大关系。大格局的爸爸都有正确的价值观，如遇事懂得反思，知道由果推因，有感恩心，明白事物的本末终始，善于明辨是非……爸爸会用自身正确的价值观作为教育引导，给予孩子最好的成长滋养。

反思的智慧准则
——行有不得者，皆反求诸己

有的人犯了错误之后可能会下意识地给自己找一些借口，把自身的责任转移给他人、他物、他事……这种逃避责任的行为，其实从一个人的孩童时期就已经存在了。很多孩子犯了错误之后，总是会第一时间说"不是我干的""不是我的错"。

当然，这也与父母的追责方式有一定的关系。因为有时候孩子承认了错误，会被批评、被惩罚，所以为了规避这些"风险"，孩子就会找借口、推卸责任，结果连连得逞，那么"推卸""逃避"等行为就会印刻进他的大脑，在需要的时候随时取用。如此，孩子的成长之路就会多很多障碍。

所以，有格局的爸爸要教孩子学会反思，这是一种智慧。凡事其实都是有因有果的，前后相连，环环相扣，更多的时候是一个人自身的准备不足、某次错误的操纵，引发了蝴蝶效应，最终才导致不愿意看到的后果的发生。所以多看看自己、努力做好自己，才是成功的关键，这正是《孟子·离娄上》所告诫我们的，"行有不得者，皆反求诸己"。

凡是所作所为得不到预期的效果，都应该进行反思，寻求自身可能出现的问题。解决旁人的问题比较难，但每个人至少都是了解自己的，解决自己的问题相对来说会容易一些。当解决了自身的问题，努力做好了自己应该做的事情，那么不管结果如何，内心也就没有遗憾了。而反思不仅是解决当下的问题，纠正了过去的小错误，也相当于改变了未来很多事情的发展方向，以避免再出现更多的"行有不得"，所以"反求诸己"是一个人成长中相当重要的一件事，是孩子需要具备的一种大智慧。

那么作为有大格局的爸爸，也要给予孩子正确的引导。

首先，让孩子看到我们敢于承担的一面。

有相当一部分爸爸有着很严重的大男子主义特点，他们更多地认为"我不可能有错"，就算真的意识到了自己的错误，他们也会说"虽然我有错，但你们也不对"。这样的爸爸没有大格局，只会"鼓励"孩子也养成"找别人错误""推卸责任"的坏习惯。

要努力让孩子看到自己"男子汉敢担当"的一面，没必要回避，没必要遮掩，反而坦荡地承认，并坦荡地寻找自己之前哪里做得不对、不好，这更会让孩子觉得爸爸真实、自然。如此一来，孩子也会感觉爸爸与他更为亲近，因为他自己就总是犯错，而爸爸有时候也会犯错，他刚好也可以通过爸爸的这种承担责任的表现，产生自己勇于承担的意识。

其次，教孩子应该怎样正确进行反思。

反思大致分三步：第一步，明确当下的问题，也就是要做到正视问题；第二步，寻找导致问题的原因，找到自己之前做错或没做到的地方，也就是要敢于剖析自己；第三步，纠正错误或弥补失误继续前行，即重鼓士气并再次出发。

要把这三步教给孩子，可以借用自己出问题的时机，告诉孩子怎样去确定问题，怎样返回去检查自己过去的行为，然后再如何重来一遍或者继续前行。爸爸的表现对孩子会有很大的启示，同时也可以给他讲清楚这其中的道理。

最后，引导孩子学习"吾日三省吾身"。

在有的孩子看来，反思可能只是在犯了错之后才需要他去做的行为，实际上，孩子应该培养自己具备时常反省的好习惯，也就是曾子所说的"吾日三省吾身"。

可以和孩子的妈妈商量，在家中形成一种反思的氛围，每天或每隔一段时间就进行自我反思，每个人都要寻找自己的问题，并把问题一点点列出来，然后再一一改正。要敢于剖析自己，敢于纠正自己。

这个过程要真实，不敷衍，不走形式，不为教育孩子而做。虽然可能开始执行比较困难一些，但若真照做，自己和孩子一定会受益无穷。

实际上，家里的这种反思氛围，会带给孩子一种积极上进的感觉，因为不断反思的目的就是为了不断前进。不断纠正自己的问题，会让一个人走得更远，也会让一个家庭更容易走上和谐、幸福之路。

明天的成就源自今天的努力
——有因有果，由果推因

《乐府诗集·长歌行》中有著名的两句诗，"少壮不努力，老大徒伤悲"，这两句可以很明确地解释因果关系，如果年轻力壮时不知道发奋努力，那么便会种下懒惰的因，而待白头年老时，就算再想学些什么、做些什么也已经有心无力了，那时的悲伤悔恨便是最终的果。所以若想获得令人愉悦的果，就必须先种下能产生愉悦果的种子——因。

有人可能认为一讲这些好像就是迷信，其实并非如此。学数学，需要列出计算过程或具体的计算步骤，会用到两个符号，一个是"∵"（代表因为），一个是"∴"（代表所以），因为、所以，就是最简单、最直接的"因"与"果"，难道不是吗？

当我们的工作出现了问题，这是结果，难道没有原因吗？当家庭关系出现了问题，这也是结果，难道没有原因吗？当然有。

还有，孩子教育不好，这也是结果，难道没有原因吗？当然有。我们进一步去思考：孩子不听话是结果，原因在哪里？孩子不爱学习是结果，原因在哪里？孩子不学好是结果，原因在哪里？孩子不受教是结果，原因在哪里？……所有的一切结果，都仅仅是个结果而已，原因到底在哪里？这需要我们弄清楚。只有找到真正的原因，才能对症下药，才不是"头痛医头，脚痛医脚"。而这个原因，很可能就在我们自己的身上。

所以说，有"果"必有"因"，要想"果"好，就必须从"因"上下功夫，"因"不好，自然不会有好"果"。就像农民春天不播种，怎么期待秋天有收获呢？这是多么简单的道理！

但孩子可能更希望不劳而获，会幻想"心想就能事成"，还巴不得

"爸爸你帮我"。而有大格局的爸爸会尽量避免给予直接的帮助，因为他明白，孩子想获得什么就必须付出什么，努力和成功是成正比的，今天付出努力，明天才能获得成就，而明天获得的成就又将成为日后继续努力的动力，不断努力，不断成功，如此才能一步步成长起来，并因为不断获得成功而收获幸福。

一句话总结，就是"明天的成就源自今天的努力"，为了让孩子能深刻体会这一因果关系，可以试着这样做：

第一，告诉孩子：有付出才会有收获，也需要时间。

先是产生希望，然后付出努力，最终获得成就，同时体会幸福。这是一件事的正常发展过程。但是这个过程是需要时间的，并非如有些孩子所想那般，一瞬间就能实现。

6岁的孩子跟爸爸说，他想吃包子，爸爸答应之后便带着孩子先去了菜市场，买了做馅料需要的菜，回到家之后，爸爸和妈妈就开始行动起来，先是和面，在发面的过程中又开始择菜、洗菜、切菜、拌馅料，然后是揉面、切面团，包包子……

孩子一开始还很兴奋，但这个过程真是有些漫长，他忍不住抱怨道："怎么那么久啊！"爸爸回应道："要完成一件事，都是需要时间的，你需要付出足够的时间，付出足够的努力，然后才能看到成就。"孩子说："不就是包个包子……"

爸爸手里忙着继续说："包包子也是啊，如果不好好买菜，菜不好肯定不好吃；如果不好好拌馅，味道肯定不好；如果面和不好，那就干脆没法包；如果包包子时候捏不好、包不住，包子也会散掉；就算最后蒸包子的时间掌握不好，也会导致包子的生熟出问题。你觉得呢？每一步的努力都需要时间，都很重要啊！"

培养孩子正确的价值观
——价值观对孩子是最好的滋养

这位爸爸讲得非常有道理,"吃到包子"是一个结果,而能实现这个结果,需要很多"因",一个"因"如果不充分,包子这个"果"就结不出来或者结不好。相信经过这个过程,孩子会明白其中的道理。

事实上,因果并不神秘,也不玄妙,离我们也并不遥远,它就真真实实地存在于我们生活的大情小事、点点滴滴中。如果抓住这些细节,就能找到合适的机会给孩子讲清楚努力与成就的关系。生活、学习与工作中所有的"心想事成",都不能忽略"心想"与"事成"之间的努力,以及时间……

第二,教孩子善于分析问题或表象背后的原因。

在生活中看到的很多问题其实都是结果,或者说是表象,要想真正解决这个问题,就一定要知道原因在哪里,要善于分析问题或表象背后的原因,要懂得由果推因。

比如,孔子的家族、范仲淹的家族,为什么到今天依旧这么兴旺,绵延千年而不衰,一定是有原因的,这个原因绝对不是因为有钱,而是他们的家族有好的教育,有好的家风、德风传承,正所谓"积善之家,必有余庆"。而有的家族为什么就被人家唾弃?那也是有原因的,一定是做了不好的事,正所谓"积不善之家,必有余殃"。

还有孟子说的"爱人者,人恒爱之;敬人者,人恒敬之",以及"得道者多助,失道者寡助",等等,说的其实也都是"结果"跟"原因"。当然,类似说法,古今中外太多太多,不需要再一一列举。

所以,无论是福还是祸,都是有原因的,而最大的原因需要在自己身上找,正如道家经典《太上感应篇》开篇所讲的,"祸福无门,惟人自召,善恶之报,如影随形。"

种下一个善因,就会结出一个善果;而种下一个恶因,就会结出一个恶果。念头也是如此,人要有好的念头,要有善念,才会感召好事到来；如果都是恶念，那也会感召恶事到来。这就是"心想事成"的道理，想好事来好事，想坏事就会来坏事。所以孔子说："《诗》三百，一言以蔽之，曰：'思无邪'。"意思是，《诗经》三百零五篇，用一句话概括它，就是"思想纯正"。人又何尝不应该如此呢？如果人人都能做到"思无邪"，让思想不走邪路，提升自己的修养、情操，温柔敦厚，那还有不好的事情发生吗？

也可以观察一下周围的人，或者看一下新闻报道，就会发现很多事情（或者说是任何事情）的发生，都是有原因的，几乎没有无缘无故发生的事，而一旦把这些问题或事情背后的原因找出来，就能避免问题的出现或不好的事情发生。

第三，让孩子产生"这个是结果，原因在哪里"的念头。

无论是在生活中，还是在工作学习中，遇到事情，一定要产生"这个是结果，原因在哪里"的念头，认真思考原因，一定要"由果推因"，才会找到解决问题的根本。

而这一点，也需要尽早教给孩子知道。如果孩子早一天知道，那他在考试成绩不好时，就会懂得成绩不好只是结果，原因在哪里？要努力分析原因。当孩子遇到一些困难时，他也会懂得那仅仅是个结果，为什么会遇到这些困难？为什么不能自己去克服这些困难？如此用心去思考，他一定会找到原因，也会从中学到做事的方法与智慧。

给孩子一颗感恩的心，教他学会感谢一切人、事、物

要给孩子一颗感恩的心。无论是学校还是家庭，无论是老师还是父母，都应该做这件事。感恩，并不是西方人的专利。感恩节虽然发端于西

培养孩子正确的价值观
——价值观对孩子是最好的滋养

方,但这个节日所呈现出的精神,值得每个人学习,我们和孩子也不例外。感恩的心,对任何人而言,都弥足珍贵。

感恩是一种生活态度,也是孩子获得幸福的重要基础,会让他更健康、更阳光。因为心怀感恩,他会看得到世界上更多的美好,获得更多的满足;因为有感恩心,他对待周围的人、事、物就会表现得更为温和谦逊;因为懂得感恩,他会愿意主动付出,愿意真诚相对;而也正因为拥有感恩心,周围的人对待他也会相对来说真诚一些,即便出了问题,他也能获得帮助或者能够寻求到帮助。如此一来,孩子会过得更舒心,更有幸福感。

所以,培养孩子具备感恩心,教他学会感谢一切人、事、物,也是大格局爸爸需要关注的一项重要的教育内容。

首先,避免让孩子陷入理所当然的享受之中。

来自妈妈的溺爱会让孩子贪得无厌,因为妈妈事无巨细,总能提前帮孩子做好一切,他会越发感觉不满足。而来自爸爸的溺爱,则将导致孩子变得无法无天,他会理直气壮地去享受,会觉得他人的付出都是理所当然的,如此一来他自然难以产生感恩心了。

感恩之心应该首先从感谢父母之恩开始,那么我们就要避免让孩子陷入理所当然的享受之中。平时在家不要给孩子什么特殊待遇,好吃的大家一起分享,想要什么东西就要付出足够的代价,家人彼此之间要记得对方的好,及时说"谢谢"。

爸爸如果不能经常回家,就更要摆正心态,对孩子多一些理性关爱,少一些盲目依从。该补偿给孩子的是心灵上的慰藉,而非物质上的满足。可以答应孩子一些合理要求,但该有的引导教育却不能放松。多配合妈妈,体谅妈妈,同时也要让孩子知道爸爸这么辛苦努力都做了什么,收获了什么,为什么要这样做……要在孩子内心树立起一个正确的爸爸形象,而不是偶尔才出现的"临时提款机"和源源不断的"礼物盒子"。

其次，教孩子从小学会心怀感恩，表达谢意。

有人用橘子比喻人的一生：有一种橘子大而酸，有一种橘子小而甜。得到大橘子的人会抱怨橘子太酸了，而拿到小橘子的人则抱怨橘子太小了。人在抱怨中生活，就会觉得自己很苦，因为人生不如意事十有八九，总是没有圆满的幸福。正所谓"一个人心中有多少恩，他就有多少福；一个人心中有多少怨，他就有多少苦"。

如果习惯于关注生活中的缺憾，怎么还会看得到人生中的美好呢？如果能够怀着一颗感恩之心去看待生活，生活就会发生改变。如果拿到了酸橘子，就应该感谢它是大的；如果拿到了小橘子，就该感谢它是甜的。如此一来，内心便感到幸福。原来，幸福如此简单，它不在于我们得到了什么，而在于我们是不是拥有一颗感恩之心。

作为爸爸，要从孩子小的时候起培养他的感恩心，教他懂得"滴水之恩，当涌泉相报"的道理。当然，我们也要给孩子做一个好的榜样。只有这样，我们才会和孩子一起生活在感恩的世界里。

再就是要教孩子学会表达谢意。这是体现感恩心的基本行为，应该是在接收到他人帮助后很自然地表现出来的，并且要发自内心，真诚表达。

最后，拓展孩子的感恩心、感恩面、感恩行动。

感恩的内容实际包含很多方面，比如感恩天地滋养万物，感恩祖国培养护佑，感恩父母养育之恩，感恩老师辛勤教导，感恩同学关心帮助，感恩农民耕种劳作……这都是孩子应该懂的。比如，阳光、雨露、空气、一日三餐，都给我们带来各种能量，应该感恩它们，不要浪费这些恩情。

除此之外，还要教孩子感恩对他不好的人，这是一个人心胸格局的体现。告诉孩子：因为那些曾经伤害过我们的人犹如帮助我们打开心胸的钥匙，让我们变得更加宽容和淡定。要能从"不好"中看到"好"的一面，在"对手"的帮助下成长。

一位有大智慧的长者曾告诉人们："感激伤害你的人，因为他磨炼了你的心志；感激欺骗你的人，因为他增进了你的智慧；感激中伤你的人，因为他砥砺了你的人格；感激鞭打你的人，因为他激发了你的斗志；感激遗弃你的人，因为他教导你该独立；感激绊倒你的人，因为他强化了你的双腿；感激斥责你的人，因为他提醒了你的缺点。凡事感激，学会感激。感激一切使你成长的人！"可以把这段文字摘抄给孩子，希望他能有所领悟！

再就是引导孩子感恩生活际遇。不管这个际遇是好的，还是坏的，都是能够让孩子得到历练与成长的，所有的经历在经过沉淀之后都是一种财富。所以，孩子没有什么理由不去感恩它们。每个人的生活都是不尽完美的，有句话不是说"上帝关上一扇门，也会为你打开一扇窗"？悲观的人总是会看到自己不如他人的一面，却忘记了还有更多的人不如自己。教孩子感念生活的际遇，就是让孩子以平静、客观的心态去看待自己生存的环境和生活中发生的一切，如此他才懂得在原有的基础上去奋斗和努力，而不是一味地埋怨他人。

物有本末，事有终始，知所先后，则近道矣

《大学》讲："物有本末，事有始终，知所先后，则近道矣。"意思是，天地万物都有本源也有枝末，每件事都有开始也有终了，能够明白本末、始终的先后次序，才会接近明了事物的发展规律，离道就不远了。

本，是根本、本质、主要的；末，是表面、非本质、次要的。明白本

末,就是要明了事情的主次轻重,知道什么是主要的、根本的,要能抓得住事物的本质,而不纠结于其表面的、非本质的次要内容。

教育孩子也需要知道本与末。家庭教育的"本"就是教孩子做人,就是教他学孝道,而"末"才是教他学文,指导帮助他提高成绩。这一点,从"教"这个字就可以看出来:左边是"孝",右边是"文",可见,做人教育永远是教育的核心,人做不好,即使有好成绩,也难以成为有益于家庭、社会、国家的真正人才。做人,就一定要先学孝悌,正如《论语·学而》所指出的,"君子务本,本立而道生。孝弟也者,其为仁之本欤",孝悌是本,是做人的基本资格,君子一定要以此为本。

教孩子学孝道,再怎么强调都不为过,因为这是给他做"扎根"的教育,从小就做,不要等他长大再做。如果在孩子小的时候不教育他,长大了之后,他的本性就会随着外界环境而改变,就很难再对他进行教育了。所以,从小就教给孩子做人的道理,教他学孝道,教给他处事待人的态度,长养他的浩然正气。

一旦孩子扎下了孝道的根基,当他面对学习时,就会认为学习是自己的一种责任。而且,为了不让父母担心,孩子会加倍努力学习,从而提升自己的学问。可以说,孝心这个"本"的提升一定会带动学问这个"末"的提升。反之,仅是学习成绩这个"末"的提升,并不一定能让他的孝心这个"本"变好。所以,"本"的教育是必须的,是第一位的。不以孝为"本"的教育是不完整的,是"无根教育",当然也不能让孩子真正受益。

每天新闻报道中呈现的负面案例,足以用"本"与"末"的教育理念来解释;身边发生的真实故事,也可以用"本"与"末"的教育理念来解释。甚至可以说,孩子为什么不爱学习,为什么不听管教,为什么让我们各种操心?究其根本原因,是没有对他进行"扎根"教育,没有培养他的孝心,没有培养他的恭敬心,没有培养他的仁爱心。或者说,在我们自己身上,就看不到这些"根"的存在,我们整天就在关心"末"的东西,而不去注重对自身的"本"的提升，又怎么去教育孩子呢？

请思考两个问题：第一个，中华民族5000年来，花最多时间和精力教育下一代的是哪一代人？是我们这一代！第二个，这5000年来，哪一代人教育下一代的效果最差？还是我们这一代！为什么？其实，我们这一代做父母的所有的苦难，就是因为我们没有辨别清楚教育的"本"与"末"，就是因为我们没有对孩子进行"本"的教育。

教育就是这么简单的一件事，要用心体悟，体悟到了，就用心实践。

当然，"物有本末，事有终始，知所先后，则近道矣"的道理——知本末，不能本末倒置；知始终，做到善始善终——也要让孩子尽早明白。

首先，教孩子分清轻重主次。

一件事到底是重要的还是次要的，是要先做还是后做，只有明了事情的属性，孩子才可能做出正确的选择。可以从日常生活中进行练习，比如，放学回家后孩子需要做这几件事：写作业、看课外书、看电视、练习书法、玩耍……那就可以让他把这些事情都列出来，引导他自己去标注事情的重要程度。根据孩子的个性，可以给他机会让他自己选择并自己去处理，哪怕他选错了，也不需要多提醒，这样，他就能体会错过重要事情所带来的后果，几次实际经历之后，他也会懂得事情是有轻重之分的。

其次，提醒孩子"要事第一"。

有一个很典型的例子，为什么写作业重要需要在先，而看电视次要就要在后？因为学习是当下孩子的责任，而看电视只是他的一种消遣方式，责任永远不能推卸，消遣却随时随地可以进行。显然负责任就是重要的、主要的，就要先做，消遣是次要的，可以推后。

孩子大都是有惰性的，而偏偏那些次要的事情又都是轻松的，所以孩子会不自觉地被轻松所吸引。为此，就要提醒孩子多关注重要的、主要的事情，要能认真对待这些事，先完成主要的、重要的事情，这样他才能有余力轻松应对其他的事情。

最后，让孩子明白"事有终始"。

知始终，就是好好地开始、圆满地结束。在这个问题上，孩子常犯的错误有两种：一种就是有始无终，另一种则是拖拉磨蹭。

有始无终，就是孩子可以好好开始，却会因为各种原因半途而废；拖拉磨蹭，则是孩子明知道要完整地做一件事，可就是磨蹭着不愿意开始，即便开始了也磨蹭着总做不完。怎么办呢？不妨从生活细节入手。

比如，打开杯子喝水，放下杯子的同时盖上杯盖，这才是喝水的完整行为，但有的孩子只能做到"喝完水放下杯子"，没有盖杯盖的动作——典型的有开始而无结束。要帮孩子确认一件事始末的标准是什么，同时也要懂得放手，让他能完整地做完一件事，慢慢积累做事经验，慢慢养成做事习惯。

再比如拖拉磨蹭的问题，这是最能消磨始终的一种行为，磨蹭着不愿意开始，磨蹭着总也做不完，模糊了时间界限的同时，做事成功的概率就会大打折扣。所以，要教孩子克服拖拉磨蹭的坏毛病。可以给孩子做雷厉风行的好榜样，也可以大胆放手让他自己承担责任，还可以允许他慢慢改进，但一定要让他动起来。更详细的内容，不妨参考《孩子总是拖拖拉拉，妈妈怎么办》（鲁鹏程著，北京理工大学出版社出版）这本书。

教孩子学会明辨是非，面对各种诱惑有免疫力

孩子对世界充满了好奇，而世界也回应他以种种新鲜。但显然，这些新鲜中有好也有坏，并不是所有的新鲜都值得孩子去接触、去探索。孩

子的好奇心是无限的，如果没有分辨能力，他很容易就会误入"坏新鲜"中，结果落得个损身又损心。

有大格局的爸爸，的确可以给孩子提供更多接触外界的机会，但是我们却要从更高的角度来看待孩子接触外界这件事。要帮助他建立起基本的原则底线，使他能快速分辨出什么是好的、什么是坏的，即便面对诱惑，也不会轻易为之所动。

提到明辨是非，有的爸爸可能只想到直接而简单的对错，虽然对错的确是是非中很重要的内容，但还需要考虑得更深一些。

举个简单的例子，孩子想玩，这是一件错事吗？显然不是，玩是孩子的天性。但是，在应该学习的时间里玩耍，在应该认真做事的时间里玩耍，甚至放弃学习、工作与生活去肆意玩耍，毫不在意健康、安全、生命地随便玩耍，这样的玩当然就是错误的了。也就是说，要教给孩子的是非观念，是需要他能理性把握底线原则的，不仅是简单的对与错的分辨，更要能理解对错背后深刻的意义。

首先，教孩子掌握基本的对错分辨能力。

不管怎样，孩子还是需要具备最基本的是非观的，这些基本的对错分辨，是保证孩子日后不会犯大错的基础。尤其是一些很明了的是非对比，比如"好好与人相处"与"以欺负他人为乐"，孩子显然是要做到前者，摒弃后者的。

所以什么是对的、什么是错的，我们也要在合适的时候传递给孩子，可以是在孩子遇到相应事情的时候，也可以是在他看到类似情况的时候，还可以是当我们出了问题的时候，要让孩子把这些基本的对错分辨记在心间。

其次，引导孩子坚决远离、抵制各种诱惑。

所谓"诱惑"，就是引诱迷惑。从这个意义上来看，诱惑基本与

"好"无关，大凡诱惑，都需要抵制。比如，孩子小的时候会面临各种垃圾食品的诱惑、各类玩具的诱惑，甚至不惜动用一切手段来满足自己的欲望。对于孩子而言，尤其是青春期的孩子，要坚决远离包裹着糖衣炮弹的各种违规行为、犯罪行为（黄赌毒等），还要远离烟酒，远离各种洗浴中心、娱乐酒吧、迪厅、夜总会等场所。再就是，男孩面对所谓的"白富美"、女孩面对所谓的"高富帅"等，都需要"长点心"，切莫被表面假象所蒙蔽。

人生处处充满诱惑，关键就要看孩子怎么进行选择，如果被诱惑俘虏，最终的结果一定是痛苦大于快乐。关键是要有正心、正念，随时随地提得起来，从而最大限度地避免让诱惑迷昏了头脑。

有一句俗语："常在河边走，哪有不湿鞋？"别说孩子，就是我们自己，也应该远离那些可能让自己"湿鞋"的各种"河边"，自己干干净净、清清爽爽，给孩子做个好榜样，再跟孩子言传的时候，也更有底气。

最后，给孩子讲讲诱惑"1"和"0"的对比。

有的爸爸总是不自觉地迁就孩子，认为"孩子偶尔一次禁受不住诱惑没什么"。有的孩子则抓住了爸爸的这种心理，认为能耍赖得逞就赚到了。如果在面对诱惑的时候不能坚决抵制，又被爸爸的迁就予以满足，那么孩子终将被诱惑带得越来越远。

实际上，面对诱惑，只有不断被诱惑和完全拒绝诱惑两种选择，并不存在中间值。所以不要觉得"放纵一次没关系"，接纳诱惑就像接住倾覆出去的水，正所谓"覆水难收"，一旦受到诱惑的侵袭且毫无反抗，就再无回头之力了。换句话说，抵制住了，诱惑就是"0"，没有抵制住，诱惑就是"1"。0和1看似只差一点，实则不然，0就是没有、是恒定的，1却不仅是1，还可能变成2、3、4……可能趋向无限大，会后患无穷。

第十一章

给孩子一个大视野
——见识与眼光让孩子走得更远

有大格局的爸爸都有一个很显著的特点,因为工作原因以及理性思考,使得这样的爸爸能够拥有更为广阔的视野,而这个大视野又进一步让他的格局变得更大,从而让他的人生得到更好的历练。实际上,一个人的见识与眼光可以决定他能走多远,作为有大格局的爸爸,要努力把这种优秀的特质传承给孩子,帮他打开眼界,让他未来的人生能有更多的选择,无论是学业还是事业,都能走得更远一些,当然也可以帮他获得更大的幸福。

经常跟孩子讨论时事,给孩子一个"国际视界"

相较于爱看电视剧、综艺节目的妈妈,爸爸一般都喜欢关心一下时事政治,不管是国内的还是国外的,爸爸投入在这些内容上的精力可不少。有一首歌中有这样的歌词,"家是最小的国,国是千万家。有了强的国,才有富的家",每个人都应该关注时事,以了解真实的社会、真实的世界,从而做到适应环境,调节自我,获得更好的生活。

孩子更需要树立关心时政的意识,这样他才能站得更高,看得更远,可以更客观地了解真实的社会，也可以更清晰地明了自己未来需要什么、想做什么、想成为怎样的人。孩子也是社会中的一分子，当今世界发展极快，只有将所学知识与这个社会、这个世界相联系，他才能学以致用，才能"学而时习之，不亦说乎"，日后也才能更快地适应不断变化的社会环境。

由此可见，让孩子了解时政是很有必要的。但是相比游戏、动画片、玩具等事，时政新闻显得枯燥、难懂，理解能力尚处在上升期的孩子可能一时难以接受。这又该怎么办呢？

事实上，孩子对于某些事物的关注，除了他自身的兴趣，我们的引导也很重要。爸爸在这方面显然具备先天优势，不妨在孩子可以理解接纳的范围内，和他讨论一下时事内容，给他一个"国际视界"。

第一，带着孩子一起养成定时看新闻的好习惯。

如果你原本就是一个爱看新闻的爸爸，那就继续坚持你的好习惯，然后孩子也会慢慢地受到你的影响；如果你还没有对新闻太过关注，那也不要紧，现在开始和孩子一起关注新闻，最好是央视播报的国内外新闻，以及对国内外时事热点的评论等专题新闻，每天看一些、听一些，久而久之，你和孩子会养成看新闻的好习惯。

有的爸爸可能担心孩子看不懂，其实没有必要，孩子要感受的是新闻所带来的氛围，并慢慢地从中抓住自己感兴趣的东西。所以只要能把孩子带进看新闻的氛围之中，只要能和他一起养成看新闻的好习惯，孩子自然会进入看新闻的状态。

如果孩子上中学了，不妨每天拿出一定时间直接看央视英语频道的新闻节目，既可以了解国内外大事，也可以训练英语听力，真是一举两得。

第二，把一些新鲜事用通俗易懂的语言讲给孩子听。

孩子每天的生活终究不是以看新闻为主的，他要学习、要锻炼、要玩耍，看新闻可能只是他每天活动的一小部分。但对于我们来说，新闻可能随时随地都能翻看，智能时代让我们有了更多关注新闻的途径，而且几乎可以实时关注，每一分钟都可能会有各种各样的大事小情发生。

那就不妨在吃饭、聊天、和孩子沟通的时候，把已经记下来的或者孩子可能感兴趣的内容讲给他听。这种方式不仅让孩子了解了时事，同时也与孩子进行了交流，声情并茂地把有趣的或者重要的新闻讲出来，孩子不仅能听得进去，也将从我们这里学会对一件事的表达。如果我们再加入自己的一些看法，那么他还将学会对某些事情发表自己的见解。

第三，鼓励孩子表达自己对某些事情的看法。

人的大脑是非常神奇的，只要看见了、听见了，多半会运转起来，开始思考、回味某些内容。如果新闻中提到了自己的某些兴趣点，人就会调动起自己的思维，开始顺着去发散，顺着去联想自己的情况。

孩子也是如此，当听到某些事情时，他也会有自己的看法，那就鼓励他表达出来。只要不触及基本道德底线，他可以自由发挥，他的看法可能是幼稚的、理想化的，但并不代表是错的，所以可以引导，但不要指责，越是让他表达，他才能表达得越来越理性。

同时，也要注意对孩子价值观的导向，不要带着抱怨、讽刺甚至是丑化的态度去看待某些新闻，尤其是其他民族或国家所具有的与我们不同的信仰、习惯等，我们都要予以尊重、敬畏，要能客观地看待，这就是多元世界应该有的样子，要理解、包容、尊重、和谐共处。

多抽点时间，跟孩子一起读书学习，并讨论相关问题

在很多孩子心目中，爸爸其实是一个相对来说比较博学的存在，不管去问爸爸什么问题，好像都能得到答案，爸爸有时候也会给孩子讲很多没听过的事情，所以孩子会把爸爸看得非常有智慧。

其实这都是因为孩子涉世未深，对世界充满了好奇，而我们也的确是因为经历得多、见识得多，所以才会让孩子产生这样的感觉。然而随着成长，孩子会如海绵一样开始接纳大量的知识，也会因为不断接触外界、不断经历生活而开始积累自己的经验，可能要不了多久，孩子就会发现原来爸爸知道的也不过如此。

孩子对于知识是如饥似渴的，我们却因为工作忙而减少了学习时间，这两点都不容否定，但这并不能成为我们向孩子说"我只知道这么多"的借口。爸爸不一定非要成为博览群书的大家，但尽量不要毁掉自己在孩子心目中的形象，所以我们也要和孩子一样，尽可能让自己处于学习状态中。

第一，做到真正地陪孩子一起学习。

作为父母，陪孩子学习也算是我们的一项任务，但是很多人不知道应该怎么陪，结果时间浪费了，却不一定有好的效果。

真正地陪孩子一起学习，应该是放下手机，放下一切杂念，和孩子一起创造出一个学习的氛围来。同时，也不要过分干预孩子正在进行的学习内容，如果孩子有问题，询问我们还是自己查询都看他的选择。孩子应该是学习的主导，而不是在一旁陪伴的我们。孩子需要养成自主学习的习惯，我们只是一个和他一起学习的人罢了。

也就是说，陪孩子学习的过程，应该是双方都有收获的过程，孩子不仅有了良好的学习环境，也从爸爸那里感受到了学习的动力，更因为有人辅导而对所学掌握得更牢固。从另一个方面来说，爸爸的存在也可以约束孩子在学习时开小差的情况，同时也让我们了解孩子的学习状态，而我们自己也能或多或少地学到更多的知识。

第二，不要放过自己的私人时间。

不管多么忙碌，每个人或多或少总会有自己的私人时间。有的爸爸会把这样的时间用来充分休息，或抽烟喝酒、与朋友聚会，或干脆就是玩游戏、打牌……实际上，这种时间如果能被利用起来，积少成多，我们也将获得大量的学习时间。而凡是自己的所学，最终都将化为知识财富。

孩子是在不断进步的，如果在孩子不断进步的时间里，我们反倒放弃了自我积累，那么终有一天，我们和孩子就将因为知识储备的差异，再没有了一起探讨的内容和机会，孩子会因为"爸爸知道得还没我多"而产生疏远心理。

身为爸爸，我们都希望自己能成为孩子可以依靠的一座山，希望做他内心最崇拜的那个人，那么我们最不应该放弃的就是自我学习。不论文化水平如何，只要肯学习，就能成为激发孩子也努力学习的动力。看看新闻中那些和孩子一起参加各种考试的爸爸，哪怕是和孩子一起高考，成为大学同学，这些爸爸在孩子心中的形象也没有一丝一毫的损伤，反而因为自己的刻苦勤奋而成为孩子内心仰望的高山。

所以，即便不在孩子面前，我们也要积极安排自己的私人时间，放松有必要，锻炼也有必要，但抓紧时间来为自己充充电更有必要，从而让自己不至于被这个时代落下，不至于与孩子没有共同语言。

第三，选择合适的时机与内容跟孩子进行讨论。

学习不只是闷头看、闷头记忆，尤其是孩子的学习，更需要通过讨论来解开问题的纠结之处，通过探讨来获取更多的思路，从而帮助他打破思维定式，让他能学会多方面的思考。

关于讨论时机的选择，除了前面提到的和孩子一起学习的时候可以针对相关问题进行讨论，在其他时间如果遇到了类似的问题，也可以抓住这个机会和孩子进行讨论。比如，关于数学的问题，在买东西的时候可以讨论计算的简便性，在丈量的时候可以讨论几何的内容，在乘坐交通工具的时候也可以顺便说一说时间与距离、速度的计算关系。把握住孩子当时可以接纳的时机，与孩子进行合理的讨论，会让孩子更愿意加入讨论之中。

至于说讨论的内容，想说的一定只是与孩子想知道的内容相关，多作解释，多发表自己关于具体内容的看法，少一些对孩子的学习态度、老师的教授方法、妈妈的教育方式等方面的评论，不总发表"我是你爸爸，我说的就是对的"这样的"宣言"，孩子会更愿意接受讨论。

经常带孩子到外面走一走，开阔他的视野范围

说到带着孩子远行，那么爸爸无疑是最合适的人选。因为首先爸爸体力好，可以有更多的精力来照顾孩子，也会让孩子更有安全感；爸爸也更具有探索精神，可以和孩子一起去关注外面的世界；相比妈妈总是提醒孩子"别磕着碰着""别摸脏东西""不许爬那么高"等具有约束意味的内容，爸爸所关注的内容相对来说会更符合孩子的需求，爸爸会更愿意让孩子去接触新鲜事物，去触碰、去攀登，不会在意和孩子一起摸爬滚打；而且爸爸由于经常在外跑，所以会发现更多有趣的、有意思的地方和内容，

这些都会带给孩子更大的吸引力。

既然我们拥有这么多先天优势,那何不寻求合适的时机,选择合适的地点,带着孩子去"行万里路",开阔他的视野,扩展他的心胸呢?

不过,虽然人们在追求说走就走的旅行,但我们可不能真的毫不犹豫地就说走就走,具体到什么时候走、怎么走、走到哪里、要让孩子以及我们自己乃至于全家都有怎样的收获……这些都需要认真考虑。

首先,选择合适的走一走的时间和目的地。

带着孩子远行,分为有目的的远行和无目的的远行两种类型。所谓有目的的远行,就是经过慎重考虑,选定合适的地点,以"让孩子开开眼界"为目的,期望他能在旅途过程中有所收获;而无目的的远行,则只是想带着孩子出去玩,碰巧走到了某些地方,和孩子一起看到了意想不到的美景或学到了以前并未曾在意的知识。

如果孩子刚好处在寒暑假,他可以自由支配学习时间,我们又可以把自己的工作安排开,那就不妨和孩子一起选择合适的目的地,经过周密的计划,展开一场有目的的旅行。如果是平时较短的休息时间,可以安排短途的有目的的旅行,就算一时间想不起来去哪儿,也可以多去一去可能让孩子有所收获的地方,比如博物馆、科技馆、名胜古迹等。不管是远是近,不管是否有足够的目的,只要去这些地方,孩子总能有所收获,而且随着年龄的增长,孩子每次去都能有比之前更为深刻的印象。

其次,鼓励孩子带着任务去走一走。

应该培养孩子这样一个好习惯——只要去走走,就给自己设计一些小任务。比如,准备去一处名胜古迹,那就让孩子列出这样一些小问题:

➢ 这处古迹有什么来历?

> 这处古迹的始建年代是什么时候？有没有被毁过？
> 这处古迹是原始的，还是修复的，还是后来重建的？
> 这处古迹有哪些传说故事？
> 这处古迹涉及哪些历史事件？
> 这处古迹与哪些名人有关？
> ……

带着问题去参观，会让孩子从单纯的去玩儿变成一次行走的学习。

有的爸爸会担心孩子因此觉得游玩变了味道，其实不然。对于孩子来说，去一个新鲜的地方游玩，他会比较兴奋，所以给他提一些适合的小问题，让他带着问题去游玩，可以给他的旅程增添一抹有意义的色彩。

当然，这些任务我们可以和孩子一起来完成，和孩子一起学习，一起了解更多的知识，这也是拓宽我们自己眼界的大好机会。

最后，防止孩子走过之后就忘记。

虽然孩子有良好的记忆力，但相对于玩耍来说，其他事物可能很难印刻进孩子的大脑中，也就是说，玩儿过去了，孩子可能就忘记了，你再问他"你都看见了什么"，他也许完全都不记得了。

我们的目的是要让孩子开眼界，所以走过之后不妨给他布置一些小作业，比如看完之后要说说自己的感想，或者让他写一篇日记，画一幅画，小学高年级或初中的孩子，就可以鼓励他写一篇观后感，从而帮助孩子把这些东西收集起来，这对于他来说就是宝贵的经验积累。要注意的是，类似这些作业，简单就好，不要让孩子感觉到太大压力，否则下次他可能就不愿意再去了。所以，作业简单适度为宜，因为只要做就比不做好。

专注一处，心无旁骛
——让孩子不受外界干扰的法则

孩子是最容易受到周围影响的，他在做一件事时，如果周围有什么动静，他多半时间会立刻抬头寻找、观看，甚至跑过去专门瞧一瞧。然而有时候，孩子又是最能保持专注力的，这个前提是孩子遇到了自己感兴趣的事情，那么此时的他就会非常专注，比如看动画片的时候、自己玩DIY的时候，相信很多爸爸都经历过这时喊他而他却不理会的情况。

那么这种矛盾的表现与孩子的格局培养有关联吗？答案当然是肯定的。实际上，越是能眼光长远、信念坚定的人，越能约束自己，从而实现专注表现，因为他知道自己当下的专注是未来成功的基础，所以专注力的培养是很有必要的。而如果孩子的兴趣就是一个可以对他有长久正向影响的兴趣，这岂不是在他专注力的培养上又增加了一个更有力的砝码吗？

所以要好好关注一下孩子，看看他到底对什么事情可以专注起来，多动用智慧，找到能帮助孩子集中注意力的关键方法。

第一，提醒孩子注意自己的未来期许。

孩子很容易被眼前的事物吸引注意力，太多的诱惑会让那些意志不够坚定的孩子暂时转移自己对目标的关注。就像那个著名的延迟满足试验一样，当孩子只关注眼前糖果的诱惑时，就会忘却自己理应对"未来吃到更多糖果"这个目的的关注，从而导致通往成功的道路被他自己毁掉。

相反，如果孩子能够注意到自己到底想要的是什么，并对这样的目标坚定不移，那么他就能抵抗住来自外界的干扰，从而将自己的注意力重新拉回到当下应该要做的事情上。

第二，从软硬件两方面入手提升孩子的专注力。

专注也是一种习惯，要培养习惯就要保证满足培养条件。提升孩子的注意力需要软件、硬件两种条件，且都要抓，都要硬。

软件条件，就是要抓住孩子的兴趣，凡是感兴趣的事情，孩子都更愿意投入时间与精力。我们完全可以从兴趣的角度入手，先让孩子能够好好地、专心地体验兴趣所带来的乐趣，然后再动用智慧将他的兴趣与他需要做的其他重要的事情联系起来，让他能将这种专注从兴趣扩展到更多事情上。

比如，一个孩子非常喜欢画画，爸爸就让他尽情地画，不限定内容。有时候爸爸会根据新闻或者网络上的新生事物，给他提供一些少见的、新鲜的画画素材，好奇心促使孩子想了解自己画的东西，就会不断地询问，爸爸解答不了的，就鼓励孩子去翻书，带着他一起学习。这就是从兴趣出发引导孩子做更多事情的一个典型事例。

硬件条件，则是要尽量给孩子提供有助于专注的环境。可以给他开辟一个专门的角落，提醒他只要进入那个角落，那么不管他做什么都要专心。除了给孩子准备相对充足的学习或做其他事情的工具，我们在角落之外也不要喧哗，不去打扰他，不去干涉他。

第三，培养孩子的自我管理能力、自控力。

如果孩子有较强的自我管理能力、自控力，那么他就能在需要专注的时候专注起来，从而一心一意地做好应该做的事情。

在教孩子学会应该做的事情之后，和他一起列出某一时间段的行动计划，然后放手让他去管理自己，并且让他知道你相信他的能力。另外，相对于妈妈来说，爸爸的威慑力和榜样更能对孩子产生影响，所以我们也要努力在孩子面前做个有自控力、善于自我管理的好爸爸。比如，有的爸爸有抽烟喝酒睡懒觉的嗜好，那就不如趁这个机会，给孩子看看爸爸是怎样自我控制改掉坏习惯的。如此一来，爸爸的行为就能给孩子带来最大的动力。

永远在精进中
——教孩子成为一个很厉害的人

精进，意思就是不断努力地向善向上，专心求进。如果一个人能够永远处在精进之中，他就会积累越来越多的知识、技能、阅历，就如建筑高楼，一层层地不断叠加，那他总能冲上云霄，成为一个厉害的人。

但真要实现精进并不容易。有的爸爸觉得"我自己都没什么能耐，孩子能养活自己就不错了"，这是没有大格局的表现。蒲公英只要敢于高飞，就能在高山上扎根，从而看到小草地旁所看不到的风景。每个孩子都有变厉害的可能，所以我们要教孩子学会日日精进，学会每天都不放弃努力。

首先，专注地做眼下的事情。

精进，就是要一步一个脚印地去做事，向上向善，每天进步一点点。只要是值得做、应该做的事，都要认真对待，每天都付出足够的努力。

但是显然，值得做、应该做的事，不全是孩子喜欢做、感兴趣的事，所以有的孩子在做事时会带有偏向性，那就要提醒孩子，凡是值得做、应该做的事，都是对他成长有利的事，甚至有一些是他应当肩负的责任，不能逃避也不能放弃，他的眼光也要放长远一些，要为未来多加考虑。

同时，还有一点需要提醒孩子，当下立刻就行动，不要拖沓。有的孩子做什么事都不会马上行动，比如他会说"我明天开始""我下周开始"，或者说"等我看完了动画片再做""我先玩一会儿再说"，此时我们最好发挥雷厉风行的特点,提醒他立刻行动起来。当然,最主要的还是让孩子看到我们的做事风格——不拖延、不磨蹭、立即行动。

其次,一定要多方学习和练习。

关于精进,如果说"进"是精进的基础,那么"精"就是精进这个行为的关键所在了。其实孩子如果每天都一步一个脚印地前进也是可以进步的,但这种进步是一种"熟能生巧",就像卖油翁所说的"惟手熟尔",可真要有什么更深刻的影响或者更大的跨越,还是需要孩子去精心学习与研究。

也就是说,孩子若想日日精进,就需要不断学习和练习,而且还不能只是从书本上汲取知识,多动手、多动脑、多四处走一走,要让孩子打开眼界。同时还要鼓励孩子向他人学习,"三人行必有我师",孩子必须要有谦逊的态度,多看到他人的优点,让自己不断获得新的进步。

再次,不为眼前的小成功而沾沾自喜。

不管怎样,获得成功都是一件让人感到开心的事情,哪怕是很沉稳的人,对于成功也会感到身心愉悦,而孩子对于成功的感受会更加明显。

但眼前的小成功只是暂时的成绩,而且成功永远都意味着过去式,从成功的那一刻起,代表成功的那些事就已经算是旧事了,脚下的路永远没有尽头,如果孩子不想着要去努力,那么他就会止步不前。已经成功的事情总会逐渐从记忆中消退,只有不断努力才能保证孩子看到更多的风景。

身为爸爸,要发挥大格局的作用,要看得到孩子更远的未来,可以肯定他当下的努力,但要注意,表扬孩子是有技巧的,说"看到你这么努力取得好成绩,真让人高兴"要比"你拿了第一,你是最棒的""你真聪明"有用得多,因为前一种说法会促使孩子明白"努力才能出成绩"。

同时也要管好自己的嘴,不要四处宣扬孩子的成绩,也不用整天

"笑得合不拢嘴",否则孩子也会为眼前的小成功而沾沾自喜,甚至放弃努力。

最后,谦逊是为了更好地向前。

越是厉害的人,越低调沉稳,这样的人才会变得越来越厉害,而那些到处炫耀的人会被一点点成绩冲昏头脑,从而逐渐丧失更厉害的可能。

因此要注意培养孩子谦逊的态度,正所谓大智若愚、大巧若拙,不去过分追求那些表面的东西,更多关注自己当下前进的方向,或是继续向前,或是寻求新的领域,这才是促使孩子不断变得更厉害的重要品质。

有人可能会误解"满足"的含义,满足是为了让自己不去过分追求不属于自己的东西,却并不意味着就此放弃奋斗。井底之蛙之所以一辈子看不到井口之外的天,就是因为它错误的满足。而有大格局的爸爸势必会看到海阔天空,也势必会引领孩子不将眼下的成就当成炫耀的资本,反而如日出一般,哪怕初生并不耀眼,也总会因日渐升空而变得不容他人忽视。

第十二章

锻造孩子的抗挫力
——让意志力给孩子满满的能量

这个世界是符合等价交换原则的，想获得什么就势必要付出些什么才行，就像歌词里唱的，"没有人能随随便便成功"。你付出了努力、艰辛，换来的可能是成功，但也可能是失败，但失败也并不是不好的东西，恰恰相反，失败是走向成功的必由之路，只有扛得住失败所带来的种种沮丧，从失败中发现通往成功的细节，孩子才能获得满满的前进能量。

爸爸要有对孩子进行挫折教育的意识

遭遇挫折是人之常情，孩子也不例外，然而如何应对挫折，并不是所有孩子都能做到令人满意。究其原因，还是因为孩子缺少了挫折教育。

有的爸爸因为久不在孩子身边而感觉到愧疚，于是很期待在孩子哭的时候给他撑腰，甚至直接上手解决孩子认为很难的事情，以换回孩子的笑脸。但当孩子养成了依赖的坏习惯，放弃了自我努力，他就会变得越来越无能，越发不敢应对挫折。一旦有一天爸爸都没法帮他解决问题时，他可能还会反过来抱怨爸爸的无能。

百般纵容与保护，反倒容易让孩子落得个不知感恩的毛病。爱护孩子一定要有提升孩子抗挫能力的意识，要让他去经历那些风雨。我们只能起到人生导师的作用，让孩子能跟着我们学习到更多的人生智慧，让他能在我们的鼓励之下变得更有勇气。

我们应该更理智地看待挫折，才能更好地引导孩子去应对挫折。

首先，尊重孩子独立生长的需求。

作为一个独立的个体，孩子有体会生活百态滋味的权利，但很多人却会忽略他的这项权利，认为"我不能让孩子吃苦受罪"，于是潜意识中就会驱使自己替孩子扫清障碍。殊不知这样做，正是对孩子不尊重的表现。

所以，若想培养孩子的抗挫能力，我们首先要表现出尊重来，尊重孩子独立生长的需求，尊重他享受生活的权利，也尊重他遇到困难并努力应对的经历……这种尊重会让我们不至于把自己满溢的爱都倾倒给孩子。

其次，对挫折要有更深刻的领悟。

那些不愿意让孩子受挫的爸爸，其实还是没能理解挫折对人生的意义。有很多爸爸都认为，"自己吃苦没什么，可不能让孩子吃苦"，乍一看可以把这种想法理解为，"我已经知道受挫是多么难过，会让人走弯路，所以为了不让孩子也走这样的弯路，我才会为他考虑周到，并尽力帮忙"。但是换一个角度来想想看，我们知道受挫的难过，所以才会变得更有经验，变得更有能力和智慧，一次受挫为我们带来了进步，这明明是非常好的体验，这么好的体验过程，如果孩子体验不到，那岂不是太可惜了吗？

孩子只有经历过挫折，才知道怎样去调整受挫后的情绪，去思考剖析挫折，知道如何去扭转挫折带来的局面，并且记住教训以避免类似的错误，这种人生的宝贵经验，仅仅靠他人的口口相授是绝对没法有深刻体会和记忆的。所以,我们要对挫折有更深刻的领悟。要知道,挫折并不仅让人体会到痛苦,更多的应该让一个人感受到成长。

再次,相信自己,也相信孩子。

古人说,"虎父无犬子",如果你觉得自己可以应对挫折,那么你完全有理由相信,孩子也应该没问题。因为你对待挫折的态度——沉稳、耐心、理性、智慧,会带给孩子极强的震撼,他会迅速向你靠拢,会按照你所表现出来的样子,积极地模仿,并在模仿过程中不断地修正自己。

所以,我们首先要相信自己是可以战胜挫折的,在自信心的引导下,努力、踏实地去处理,向孩子展现你的果敢、勇气、力量……最终,你战胜挫折后的"精、气、神"会给孩子以感染,他的内心也会因为你的良好表现而变得坚毅起来。

同时,更要相信孩子可以做很多事,只要能够放手让他去做。凡是他已经学会的,他都能做,凡是他没能学会的,其实他都可能会主动去学。而且,来自有大格局的爸爸的信任,无疑是孩子内心最大的力量源。

最后,经历挫折的目的是让孩子成长。

挫折的尽头并不只是指向下次小成功这样的小恩小惠,经历挫折都是为了成长,我们应该更关注孩子经历挫折之后心态的变化,多和他聊一聊,发现他思想上的成长,帮他解开因为挫折而带来的思想小疙瘩。

如此一来,孩子经历的挫折才更有意义,他也才愿意自己去努力并主动应对,而不会因为害怕下次依然不能成功而逃避。当我们不把某些小结果看得太重时,孩子的眼界也会随之变得宽阔起来,而当他的心胸由此打开,知道自己努力奋斗的最终目的,那么那些挫折也将不再成为阻碍,下次的成功几乎不用预见,应该也不会远了。

成功一定有方法
——教孩子掌握应对挫折的各种方法

成功永远都不可能随随便便就到来,想获得成功,人都要经历更多意料之中以及意料之外的挫折,然后才有所收获。而这个收获也不只是做完了一件事、解决了一个难题这么简单。成功的终极定义,是让人能走得更远,见得更多,经历得更丰富,成长得更深邃。

想孩子获得成功是每一位爸爸的心愿,也是教育孩子的终极目标。那么面对成功路上必定会出现的各种挫折,显然有方法去应对的孩子,才能从容跨过这一道道障碍。

其实孩子原本都是无所畏惧的,看他敢于去主动触碰那些未知就知道了,所以要尊重他这种原本的无所畏惧。而身为爸爸,我们也是具有无所畏惧的本质的,那就要更有智慧地去引领孩子正确地表现这种无所畏惧,让他能更有勇气地面对种种挫折。

第一,保持冷静从容的态度。

打不开饼干袋子、系不上鞋带、没法把秋裤好好地塞进袜子里、写不出好看的字、不能快速口算、跟不上老师的思路……最初,孩子在面对这种种挫折的时候,永远都只会用烦躁的哭闹来表达他的不满,也正是因为哭,他意识到了自己的无能,这无疑更加增加了他对挫折的厌恶与恐惧。

孩子理应学会冷静,不过并非一上来就去阻止他哭,而是允许他纾解失败带来的难过与不满,不过多评价与安慰,给他几分钟缓解情绪就好。

待孩子逐渐平静后,就可以告诉他,"哭过之后就意味着情绪已经释放了,接下来你可以想一想,除了哭你还能想到什么。"此时可以冷静地引导孩子自己去回忆、思考之前的经历，在他没有注意到的地方提点一下，让他自己去发现，鼓励他自己寻找解决的办法。一两次这样的经历过后，孩子就会意识到，遭遇挫折只是哭是没有什么意义的，唯有正视才对。

第二，积累更多的知识与经验。

成功之路分两种，一种是一路势如破竹，顺利扫清各种障碍，最终登顶；另一种则是要斩断各种荆棘，忍受种种痛苦，甚至要放弃一些东西，之后才能艰难取胜。

有人认为前一种成功之路是没有障碍的，其实不然。为什么有时候我们觉得做一件事很顺利？是真的因为各种条件都便利吗？并不是。那些能一路顺利下来的成功，无外乎一个最重要的原因——自身积累深厚。懂的、会的、知道的越多，相应的困难就越少，做事顺利、成功的概率就越大。

如果发现孩子不管做什么事都是在走第二种成功之路，一路荆棘坎坷不断，甚至要放弃玩耍时间、交友时间，最终的成功也是"险过线"，那么我们就要考虑，孩子是不是"可用的东西太少"，这才导致他哪怕遇到最简单的障碍也很难下手。

怎么办？不妨引导孩子多翻看书籍，多给他创造经历各种事件的机会，以积累更多的知识与技能。同时，在安全的前提下，也允许他尝试更多前所未有的事情，让他通过不断的练习，逐渐具备应对更多挑战的能力。通过不断的学习与练习，培养孩子具备更为灵活的思维，让他能够做到遇事不慌且能多方思考应对。

第三，学会自我暗示并相信自己。

挫折不仅会让人体会到失败的滋味，同时也会让人对自我产生怀疑。有的孩子就会这样，原本他能做到的事情，可能因为种种问题，导致他反而不相信自己有能力做到了。

心理学研究表明,不断进行积极的自我暗示能激发人的潜力,自信是成功的重要因素之一,也是在面对挫折时值得依靠的重要法宝。所以,我们可以教孩子学会自我暗示,让他在遇到挫折时,能够给自己打气鼓励。

比如,一位爸爸教孩子自己暗示自己,"我已经做好了各种准备,只要尽力而为,就能做到让我满意的结果。"经常暗示,孩子不仅不会惧怕各种困难,还会养成事前进行各种充分准备的好习惯,暗示就变成了现实,孩子因为手握"雄厚的资本",自然也就不再害怕了。

第四,善于向别人进行有效求助。

很多事要想成功,只靠自我能力是很难实现的,因为一个人的思考范围有限、所考虑到的内容有限、所能做到的事情有限。他人的一句点拨可能会成为新的思考突破口,从而打开成功的通道;他人所涉及的领域,也许会提供新的思路,从而让问题迎刃而解;他人的善意援助,会变成集体强大的力量,使得很多一个人做不到的事情变得简单……所以,遇到挫折,如果自己真的经过努力之后解不开,向别人求助也是另一种解决的途径。

所谓"有效求助",是指孩子要知道自己在哪方面是毫无办法的,他要先认清自己的不足,并勇敢承认,还要虚心接纳他人的援助,心怀感恩,心怀诚敬,这样他才能获得真正的借力。

接下来,孩子还要明白自己想求助什么,是想不出解决的办法,还是自身能力不够,又或者是需要他人的协作?有了确切的求助方向,他才能找到更合适的予以帮助的人。另外,孩子还要有合作精神,要有爱、诚信,尊重他人的意愿,并且还要从中有所学习,让自己获得更多的成长。

妈妈的情绪 爸爸的格局

善于激励孩子，给他战胜挫折的力量

激励，即激发和鼓励。激励具有一种神奇的力量，它会激发一个人的斗志，更会激发其内在的潜力，在充满积极向上的鼓励之下，促使人焕发活力，去完成之前可能完不成的任务，或者去获得意想不到的成功。

在教育这件事上，激励是一个非常好用的方法。然而也不得不承认，很多爸爸并没有掌握正确的激励方法，喜欢用激励，却并不能善用激励，结果导致孩子不仅没有变得斗志昂扬，反而胆怯不愿应对挫折了。

有一位爸爸感到非常迷惑："孩子期末考试没考好，我也着急，但为了激励他，就告诉他，'这次没考好，下次肯定就没问题了，爸爸相信你，你下次绝对能拿好成绩。'我觉得我说得还挺好的，后来看他情绪不高，还多说了几次。可是我发现孩子却变得好像有点焦虑了，不愿意和我再说学习的事。有时候，我都能感觉他压力好大，老师也联系说，最近他学习有点急躁。这下，我觉得我都有些着急了。怎么办？"

激励并不是一种绝对且盲目的相信，所以我们才需要善用这种方法，要让激励真的能够给予孩子力量。那么接下来，我们就以这位迷茫的爸爸的做法为例，看看应该怎样来对孩子进行有效的激励。

第一，在爱与包容的前提下去激励孩子。

看到孩子因为挫折而烦躁、沮丧、哭泣的样子，有的爸爸也会受到感染，于是烦躁状态下的激励，就会显得很盲目，就如前面那位爸爸一样，"肯定""绝对"这样的话说出来，其实也意味着我们内心对孩子现有事件结果的抗拒。这种抗拒孩子是能感觉得到的，毕竟我们都已经那么期待"下次"了。如此一来，他当然会感觉压力倍增了。

真正具有善意的激励，应该是不否认对方现有的状态，以爱和包容让对方真正放下心来，让他能够有余力去接纳激励并进而有所思考。所以，我们要收得住自己的暴脾气，不要那么急切地去激励，先让孩子意识到爱与包容才是最重要的。

有一位爸爸面对成绩不好的孩子是这样说的："不管怎样，我一直都是站在你这一边的，别怕，你就是你。你可以随时来找我，问什么都可以，我一定会帮助你。"孩子因此慢慢放松下来，一点一点说出了自己的疑惑、迷茫，爸爸最终也帮他找到了问题所在。

爱与包容，是孩子在受挫的时候最需要的东西，他想确认自己即便如此是不是还能获得爱，只有因此而获得的安全感，才可能促使他去接纳爸爸的激励，并愿意在这种激励下真的努力，而且不带有任何压力。

第二，站在孩子现有的基础上给予有内容的激励。

合理的激励是要肯定孩子已有的表现，然后在他现有的基础上表达合理期望。所以前面那位爸爸说的"下次肯定就没问题了""下次绝对能拿好成绩"是不合适的，这一次的问题尚且没有解决，"下次"对于孩子来说就是一个不知道该怎样去面对的未来。

要看到孩子现在到底是一个怎样的状态，要让他知道当下应该付出怎样的努力，这才应该是激励的主题。对于孩子而言，激励不应该只是一种精神上的鼓励，他其实是需要一些更有实际性的、可操作性的指导的，要真正有内容，而不会让孩子感到不知道从何下手，如此一来，激励才更有效果。

第三，激励孩子要付出努力而不是只单纯追求结果。

前面那位因为激励而迷茫的爸爸还犯了一个错误，就是他过分追求了结果，他对于好成绩、好结果的追求，使得孩子不得不将目标锁定在结果上，而且他还用上了"相信"，似乎只要他相信，这个结果就不会改变。这种"玄幻"的激励，才促使了孩子压力剧增。

其实与夸奖有些类似，我们都知道要夸孩子的努力，激励也是如此。在了解孩子实力的基础上，倒不如这样来说，"通过你之前的表现，我觉得你其实还是没有用全力，如果你能做到每天集中精力并认真练习，结果自然就会好，我建议你试试看，你应该能做到的。"不过分强调结果的激励，其实会让孩子松一口气，没有那个明晃晃的大目标悬在头顶制造压力，他又明确了应该怎样去努力，这种有指导性的激励他更容易接受。

第四，外在激励和内在激励都要有。

外在激励，就是一些看得见的激励，比如物质激励、满足要求等；内在激励，则是发自人内心的一种自我激励的力量，比如责任感、成就感等。

孩子都是务实者，仅是口头表达，虽然可以给他以精神安慰，但是一些适当的外在安慰，会让他获得更为安心的满足。所以不妨也扮演一下"慷慨的爸爸"，适当满足他一些小的、合理的要求。比如如果他一段时间里做到了认真高效学习，那就带他去看一场电影、来一次郊游，或者在允许范围内送他一件小礼物。孩子会从中感受到自己的努力被看到了，爸爸为他的努力而开心，那么接下来他会更加愉悦地投入努力之中。

比起外在的激励，内在的激励是更加触及孩子内心的激励方式。在运用激励的时候，外在激励是辅助，内在激励才是主要的。要引导孩子看到他付出努力的过程是有趣的，要让他感受到学习、练习、为了一件事努力是会给他带来成就感的事，如果孩子曾经取得过好成绩，就让他回忆一下那种美好的感受，唤醒他对荣誉的追求。

当孩子遇到困难和问题时
——教孩子应对常见的挫折

从小到大,孩子可能遭遇的困难和问题真是太多了,如果学不会应对,任何一个挫折都会成为孩子人生前进之路上的绊脚石,让他寸步难行。应对挫折是每个人必须学会并熟练掌握的技能,因为每个人最终都会变成"独行侠",都要自己独立去面对这世界上的一切。

如果说前面提到的激励、各种应对都是可以适用于各种挫折的方法,那么这里我们就要学习一些针对具体内容的操作。当然,这些操作也并不是绝对的,我们需要好好地了解孩子独特的个人特点,然后针对他的需求再给出更适合他的解决方法。

第一,无能为力。

诗人汪国真在其代表作《山高路远》中说:"没有比脚更长的路,没有比人更高的山。"可见除却极其特殊的情况,这世上并没有无能为力的事情。

孩子当下所表现出来的"无能为力",其实就印证了一个事实,那就是他的确是"无能"的。能力不足,所以做不到相应的事情,此时他最需要做的就是提升自己的能力。

孩子首先要承认自己的确不行,并认真寻找自己的问题所在,看看自己缺少了哪方面的能力才导致出了问题。然后再针对这个问题的需要,进行相应的弥补或处理。

这种无能为力其实在很多时候都会出现,即便是成年人也会遇到类似的情况,所以我们还要提醒孩子不能因为自己没有相应的能力就感到沮丧，更不要放弃。不会就去学，学了再多加练习，这是再正常不过的事态发展。而且，越是具有这种不断发现自己的不足并不断补足的精神，反倒越容易赢得他人的尊重。

第二，考试失利。

成为学生后，必然会经历考试。对于一般学生来说，考不好与考得好之间会形成一个很微妙的平衡，他总会经历喜忧参半；而对于优秀的学生来说，多数的考得好与偶尔的考不好，可能会形成强烈的反差；至于说一直以来都不算好的学生，多数的考不好甚至于全部的考不好，会让他变得很无所谓。

要认真说起来，反倒是大多数的普通学生对于挫折更有可以承受的能力，他会反复在成功与失败间转换，所以可能只需要在他前几次的失败后给予一些安慰和指导，之后他就会形成自己的经验。要值得注意的是，在孩子最初经历失败时，提醒他牢记"胜败乃兵家常事"，帮他找找原因，给他提供一些合理建议，然后激励他为下次考试而努力就可以了。

对于一直以来都不算好的孩子，有的爸爸会无奈地表示放弃，气也气过了，批评也批评过了，有的孩子就是不开窍。这种急切心情可以理解，不过现在就说放弃真的是早了。孩子出了问题，多半要在教育上找原因，我们先好好纠正自己的问题，再去认真地和孩子谈谈，不要给他过高的期望，从他当下的基础开始给予他努力的机会和成功的希望。对于这样的孩子，每一次小成功都很重要，而且一定要对他进行纵向比较。当我们先能看得起他，并对他怀有正向的期待时，他才会慢慢地重新正视自己。要帮孩子认识到，挫折是促使他变强大的一个机会，而不应该对此麻木不仁。当孩子内心的热情被重新唤醒时，他才可能战胜当下这个最大的挫折。

需要特别注意的是成绩一直都非常好的学生，如果家有这样的孩子，我们在感到欣慰的同时，也要未雨绸缪，要看看孩子到底有没有能够抵抗挫折的强大心理，观察他是不是已经做好了抵抗挫折的准备。当孩子遭遇挫折时，要让他知道"实际上没有谁是常胜将军"，人总是会经历挫折的，即使做好了各种准备，但挫折可能还是会到来。所以，要平衡孩子的心态，让他把挫折看成一次历练，及时调整心态，集中精力去应对。

第三，临场失误。

临场发挥能否成功，除了周密的活动前的准备，再有就是运气了。比如，在央视《挑战不可能》的舞台上，一队学生原本信心满满地挑战吉尼斯世界纪录，想在30秒内取得了不起的成绩。但令人没想到的是刚开始没多久，他们就失误了，原本信心满满的孩子们顿时哭成了一团。

孩子面对类似的挫折，我们首先要接纳他的情绪，因为这种感觉即便对成年人来说也不好受，更何况是孩子？所以，不要频繁地提醒他"不要哭"，他可以哭，他可以为自己惋惜；也不必用各种语言去安慰他，要给他释放情绪的时间与空间。当他慢慢平静之后，我们再引导他如何应对当下的情况。

提醒孩子，做好准备后，接下来只需要好好表现就可以了，再出什么问题，都是他所不能操控的了，如果自己问心无愧，那么不管什么样的结果都是可以接受的。孩子唯一要确认的就是自己是不是真的做好了所有的准备，如果问题出在自己身上，接下来他应该认真去努力。还要提醒孩子，不要抱怨时运，世界对任何人都是公平的，做好自己比祈求时运要有用得多。

第四，半途而废。

这里的"半途而废"，并非孩子因为懈怠、懒惰而主动放弃，是因为遇到了困难、问题，不知道怎么解决，而不得不让事情被搁置。就好像绳子打了死结，解不开，剪断又舍不得，只能这么两难地放着。这时候不能说孩子没有努力，他努力了，只不过是努力了一半，后半段看上去很难。

"世上无难事，只要肯攀登，只怕有心人"是用于这时候最有效的一句激励用语。引导孩子检查自己之前的行为，看看有没有出什么问题，提醒他回忆自己所学所想，看看哪里有疏漏，再引导他好好检查一下问题的性质，以便于对症下药。我们要把关注的重点放在后期怎么努力上，而不要总去提醒孩子"不行"，对孩子的信任才是促使他愿意继续为解决问题努力的动力，才不会让他彻底放弃。

同时，提醒孩子这时他可以向爸爸妈妈或其他人寻求帮助，只不过不能要求别人直接代做，而是询问、探讨、学习解决问题的方法。

第五，处处碰壁。

老师批评、同学嘲讽、父母不理解，甚至陌生人都露出所谓的"不好的脸色"……这些情形好像会扎堆出现，这个时候大概就表明孩子"处处碰壁"了，而且在这个节点，他可能还会感觉"喝口凉水都塞牙"。

处处碰壁对于孩子来说绝对算不上舒适，如果孩子刚好处于青春期，这种状态还可能会导致他引发不必要的冲突。

针对孩子这样的挫折，需要帮他安静下来，教他学会深呼吸，学会用其他可以做得到的事情来转移注意力，并提醒他注意提升自我。要让他明白，改变自我要比改变他人的看法容易得多，而当孩子自我有了改变，变得更强大了，之前的"各种壁"自然也会不攻自破。

同时，提醒孩子和周围的人建立良好的关系，孝敬父母、尊敬老师、友爱同学、善待他人……并不是只有书本知识和考试是重要的，做人的道理一样不能忘记，把守原则并不断提升自我是必不可少的。

让孩子体验成功
——挫折教育不能让他一直受挫

挫折教育到底是一种怎样的教育？

有的人可能会认为，挫折教育，就是让孩子特意去经历一些"做不到""办不成"的事情，让他感受失败，让他主动去接近困难甚至挑战不可能，然后他就会从中感受到挫折感。而且重要的是，要让孩子经常体会这种滋味，不能总让他尝到成功的甜头。

不能说这样的想法是错误的，毕竟现在这个时代的很多孩子，平时太少经历挫折，所以不得不由外在因素故意插入一些挫折来增加他的经历。可是从另一个角度来说，也不能说这样的想法是正确的，总是频繁经历挫折，很少体会到成功的甜头，那么孩子就会慢慢否定自己的能力，经历的挫折太多了，他反而会变得自卑且自弃。

挫折教育并不是一种使用负面去激发正面的教育，孩子为什么要经历挫折？难道不是为了让他去迎接日后的成功吗？那么如果他总是被卡在挫折面前，永远都见不到成功，他又怎么能体会到"风雨后见彩虹"的震撼呢？不能只看到挫折教育的"挫折"二字，还要更理性地去思考"教育"二字。

所以，只有体验过成功，孩子才知道他为什么要经历挫折，而只有经历过了挫折，他才能真正体会到成功的来之不易。成功与挫折是不可分割的两部分，我们要清楚这个关系，才能给予孩子正确的挫折教育。

首先，不干涉孩子人生中必然的经历。

人这一生其实就是在不断的起起伏伏中走过，就像月缺过后才可能月圆，月圆之后必定会走向月缺一样，人生中原本就有成功与挫折同时并存着。如果我们能够允许一个孩子按照他自然的生长规律发展，他就会很自然地经历人生的种种情形，他会经历成功，同时那些挫折也会在合适的时机到来。也就是说，真正的挫折教育，并不是一味地让孩子去体验挫折，而是让他在成功与挫折的不断交替之中亲身感受人生百味。

想想看，孩子最初是怎样学会走路的？不正是一次次跌倒然后一次次站起来吗？人生最初就已经经历过的最基本的内容，可不要在日后由我们人为地帮孩子抹去。在他之后的人生中，基于安全这个前提下，我们就应该放开手，做一个观察者，而不是人偶操纵者。可以提醒孩子哪里可能会有困难或危险，但怎样战胜困难、回避危险，要他自己去努力。这种自然的经历，对于孩子来说弥足珍贵。想获得是需要自己努力的，做不到就再尝试，最终总能做到。经历挫折后再获得的成功，无疑会给孩子带来正向成长。

其次，当孩子屡试不行时，给予适当的协助。

有的爸爸习惯用"天将降大任于斯人也"来激励孩子，用不断的受挫来刺激孩子奋起。可是总是吃到苦，永远尝不到甜，孩子也会感觉烦，甚至会立刻放弃，成功也就遥遥无期了。

所以，当孩子已经付出了很多努力，做了各种尝试，他已经体会到了挫折的滋味，但还是没能成功，我们也要适当地给他一些甜头。比如给他提示思考的方向，做一些简单的帮助工作，有时候"一臂之力"会发挥极大的作用，会把孩子推上成功的轨道。这个过程，孩子是会记在心里的，这就是屡次失败后的甜，对他来说会更显珍贵。

我们不能成为真的冷酷的爸爸，有时候适当的协助才会让孩子有所进步，并纠正之前屡次失败的问题，从而获得最终的成功。

再次，永远不要告诉孩子"你不行"。

若想经历成功，孩子内心必定要有一种"我能行"的自信，否则他就只能总在挫折身边打转。而这种"我能行"的自信，很大程度上来自周围人的评价，因为孩子最初对自己的评价就源于周围的人。所以要多肯定孩子的付出，在他努力的时候给予信任，当他失败了也不要说"你就不是那块料"，当我们一直信任孩子"能行"的时候，他才会相信自己能行。

最后，引导孩子平静接纳成功与失败的交替。

成功与失败都是生活中的必备品，没有永远的成功，也没有永远的失败，自然规律不可被违背。我们先想明白这个道理，再教孩子接纳它。

当孩子成功的时候，可以和他分享快乐，但也不要过分强调他是多么厉害，鼓励他不放弃努力就好；而当孩子经历挫折的时候，也要和他一起承担这种压力，告诉他我们对他很支持，并让他感觉到挫折、失败也只是生活中的一味调剂品，必然存在，很正常，没有那么可怕。

让孩子意识到，努力不断向前才是他成长的真谛，而成功或者挫折都是生活的一部分，成功并不特殊，挫折也并不奇怪。只有他平心静气地接纳一切，并不放弃任何可以前行的机会，他才会获得真正的成长。

第十三章

拓宽孩子的胸怀
——让孩子拥有海纳百川的境界与舞台

最能体现爸爸大格局的,就是他宽广的胸怀。一个人心胸有多宽广,他的格局就有多广大,人生舞台就有多壮阔。如果爸爸是一个拥有宽广胸怀的人,那么孩子的心胸必定也会随之被打开。当孩子拥有海纳百川的境界之时,他面前的世界就将变得更加美好,他会拥有更好的性格,并因此而拥有更为宽广的人生舞台,进而实现人生幸福。

宽容犯错误的孩子,给孩子做包容非纵容的好榜样

说一个人胸怀宽广,待人宽容是最明显的特点,然而这种宽容却也并非盲目的纵容,而是有原则的包容。这样的人会让周围人感到舒服,可以更放心地靠近,可以更安心地与之相处。

孩子对于宽容这种态度会有更强烈的需求,因为宽容意味着有足够的自由,这能让他放开手脚去做各种想做的事情。所以在家中我们可以很容易发现这样的规律,孩子会非常喜欢和能够宽容待他的家人待在一起,这时他的话也多、问题也多,他会显得非常活泼,同时能做到的事情也会变多。所以,我们应该努力成为孩子心目中宽容的爸爸。

拓宽孩子的胸怀
——让孩子拥有海纳百川的境界与舞台

不过,这份宽容并不是无限制地撒开手,就像放羊,草场再大,牧民也会圈定一块地让羊吃草,而他则时刻守在一旁,羊动他动,其目的就是要约束住羊,以免羊群四处乱跑。我们也是如此,对孩子的宽容一定是有原则限定的。

孩子在成长的过程中,肯定是会犯错误的,而这也是最能体现宽容的场合。面对犯了错误的孩子,我们是否能以有原则的宽容心对待他,也将影响他日后宽容美德的培养。那么,这就需要注意以下几点:

第一,宽容的是孩子犯错的成长必然性,而非错误本身。

孩子一路成长,犯错很正常。婴儿时他会把饭吃到身上,上幼儿园时他会把鞋子、裤子穿反,小学时他不愿意写作业,初中时他会一时冲动跟同学打架,高中时他可能会做出错误的选择……每一个错误背后都意味着孩子在某一方面的成长。对于成长中不可避免的这些错误,我们应放松心态去接纳。

但是,接纳并不意味着不去理会,放任孩子就这么带着错误一直向前走是不行的。把饭吃到身上,那就教他应该怎样用勺子;鞋子分左右,裤子分正反,养成正确习惯去穿戴才算他掌握了生活技能;粗心并不是不可克服的,一定要尽早帮孩子变得认真细心起来;没有什么问题是必须靠打架才能解决的,青春期并不意味着他可以肆意妄为,懂道理才算是成长;渐渐成年的人,就要学着为自己任何一个选择负责,而且"听人劝,吃饱饭",孩子不能一意孤行,要学会审时度势,学会比较衡量……这才是我们在宽容方面正确的表达,要让孩子意识到自己是不对的,但同时也要教会他正确的,也就是这一次次错误所表现出来的成长漏洞,都要在后期一一填补上。

第二，宽容的是孩子知错认错的态度，而非他的不知悔改。

有的爸爸在表现宽容时，会对犯错的孩子大手一挥，"没事，爸爸不怪你"，表面看是很大度的样子，但时间久了孩子会摸清你的套路，反而认为"爸爸真好糊弄"。

犯了错的孩子，必须要认识并承认自己的错误，当他有了这样的态度，他才是值得宽容的，因为这代表他还有羞耻心，还有可以进步的可能。如果孩子屡次犯错，而且从不知悔改，那么这时的宽容就是一次次地在把孩子往错误的深渊中推。

所以，要注意观察，看看孩子是不是已经习惯了犯错无所谓的态度，若是如此，就要帮他及时悬崖勒马，点出他的问题，同时也要给他悔改的机会。有的爸爸可能会抱怨孩子冥顽不灵，其实没有孩子会故意和父母对着干，你需要审视自己的教育问题，是陪伴得太少，还是了解得不够？你和孩子交心，他才会对你敞开心门，愿意接纳你对他的改造教育。

第三，宽容的是孩子可能的好意，而非他错误的表现。

在好意与错误之间是存在区别的，我们应该宽容孩子可能表现出来的好意，但要纠正他的错误。比如，一个孩子想把一件东西递给妈妈，但却是随意丢过去的，这时就应提醒他，想帮忙，这非常好，只不过要学会好好把东西递过去，做事有章法，当然这也是尊重他人的表现。

孩子在很多时候都会表现出善意来，这些善意都非常珍贵，也都值得尊重，这是值得肯定的，但同时也要教孩子正确的表达善意的方式，有礼有节很重要，掌握正确方法更有必要。

第四，宽容的是事件本身，而非歪曲的道理原则。

孩子的错误很多时候是他一时冲动或者得意忘形下的结果，不过有相当一部分孩子会为自己辩解，不惜撒谎、歪曲事实，甚至还会祸水东引。

允许孩子为自己的错误作解释，但这并不意味着我们要全盘接纳他"有理有据的任何说明"。所以我们只是要对孩子犯了错这件事表达宽容，然而当他所做的事情已经触及了本质原则时，我们一定要坚决纠正。

不在孩子面前论人长短，营造宽容的家庭环境

《论语·宪问》记载："子贡方人。子曰：'赐也贤乎哉？夫我则不暇。'"孔子的弟子子贡在众弟子中以能言善语著称，"方人"，就是评论他人的长短，或"言人之过恶"，孔子就此回应说："子贡啊，你难道就真比其他人贤能吗？我可没有那么多闲工夫去评论他人啊！"《孔子家语·六本》也提到子贡经常与不如自己的人在一起，以显示自己的才能。

清代学者金缨在其代表作《格言联璧》中说："静坐常思己过，闲谈莫论人非。"这与孔子提出的"己所不欲，勿施于人""巧言令色，鲜矣仁"（花言巧语，装出好看的脸色去讨好、谄媚他人，这样的人是很少有仁心的）等观点是一致的，没有人喜欢自己被他人议论，君子修身最重要的是"躬自厚而薄责于人"，即"严于律己，宽以待人"。

从另一个角度来看，不论他人是非长短，所体现的也正是人的包容之心。没有人是完美的，也没有人必须按照他人制定的标准生存下去，拥有包容心的人，会尊重他人的自由成长需求，转而更关注自身的修养成长，而非议论乃至贬低他人来获得自我满足。

这才是有大格局的人应该具备的特质，而且不仅对待外人，对待自己的家人也更是如此。有的人的宽容是假宽容，对待外人不拘小节，有耐心也能包容，对待家人反而苛刻无比，百般挑剔。有些父母还会对着孩子

议论其他家人，比如就会有爸爸对着孩子说妈妈的不是，数落妈妈的种种缺点，并在最后加一句"你可不能长大了像你妈一样，不然以后没人喜欢"。在孩子面前论人是非，不管议论的是家人还是外人，都会让他也染上恶习，如此一来整个家庭都将充满睚眦必报、斤斤计较的气息。

这时我们就应该有所反省了，为了避免孩子深受其害，我们应该扭转家中的局面，为他创造一个宽容的家庭氛围。

首先，不以嘲讽对家人。

很多人对待自己的家人，都会显得很挑剔。而不管是成年人还是孩子，都需要获得认同，这种认同感不仅带来安心，也会让人更愿意付出，这也是维系家庭和谐的一个基本原则。

所以，要培养宽容心，就先要从对待家人的态度开始。应该换一种角度去看待家人的付出，不要总以自己的标准去要求家人，丢掉要掌控的想法，重要的是你应该成为改变的那个关键人物。你对家人宽容以待，笑脸相迎，没有人还会再那么针尖麦芒地回以讥讽。

当我们的家庭气氛得到了缓和，孩子自然也能松一口气，他会在这种相比以前宽松许多的环境中，逐渐改掉自己尖酸刻薄的性格，从而也跟着学得柔和起来。

其次，不以双面评友人。

除了打理好家庭内部，我们还要注意到家庭外部，因为有些人不管是对邻居还是对待朋友，总是会有双面性。

一个孩子问爸爸："您打电话给叔叔的时候还说他是个厚道人，是个值得合作的好人，可为什么您放下电话就骂他是白眼狼了呢？"

爸爸忍不住说："当着他人的面当然要说好话，背后我骂他他又不知道，还不许我发泄一下了？你一个小孩子，什么都不懂，别问那么多。"

孩子并非不懂，要不了多久，你就会发现孩子也跟着你学会了这种表达，他会很完美地复制你的表现，人前他会说好话，人后他又不断诋毁指责对方，久而久之他也会变成一个虚伪的人。

如何与认识的人和睦相处，也是人际关系培养的重要内容，我们理应教孩子以礼待人，真诚待人，不要斤斤计较，坚持自己原则的同时也要宽容他人，少一些猜忌，这样才能建立起更纯粹的友谊。

最后，不以议论评陌路。

除了对待熟人，有些人真是看什么都不顺眼，即便对待陌生人，也会因为对方的相貌、服饰、口音以及行事作风嘲讽一番。在不了解事实的前提下，任何的评论都只是自己的一种随意评价，虽然言论提倡自由，可是这种随意贬低他人的做法却会让人的心胸变得越来越窄。

据《孔子家语·六本》记载：曾子这样表达对孔子的敬意："夫子见人之一善而忘其百非，是夫子之易事也；见人之有善若己有之，是夫子之不争也；闻善必躬行之，然后导之，是夫子之能劳也。"意思是说，孔子见到别人一处优点就忘掉了他所有的缺点，因此他更容易与人相处；看到别人身上有好的东西，就好像自己也拥有了一样，所以他不与人争胜；听到有善行，一定会亲自实践，然后再引导别人，这正是孔夫子以身作则的表现。

人人都应该向孔子学习，拥有宽容之心，自然会看得到更多的好的方面、好的事物，能够真心接纳他人的好，并愿意让自己付出努力来追寻这种好。毕竟，贬低一个陌生人，对他人是没有影响的，只会让我们自己越发感觉嫉妒心膨胀，反倒阻碍了我们自身的发展。

所以，教育孩子的时候也要多看看这些可以让人心胸放宽的内容，也要学习学习那些拥有宽广心胸的圣人们。既然"众生平等",那么欣赏美景才是宽容之人的最佳表现。

引导孩子包容他人的缺点,教他学会理解、善待他人

最能体现一个人是否具有包容这一美德的表现,就是他怎样对待他人的缺点。尖酸刻薄的人很难能理解他人的问题,他们只要抓住了别人的把柄、短处,可能就会不遗余力地去嘲讽、贬低,恨不能把人踩在脚下他才高兴。这样的人往往都不思进取,即便"思"了进取,也可能是想一些邪门歪道,用不正当手段去竞争。

相信没有哪一位爸爸愿意把自己的孩子培养成这样。作为拥有宽广胸怀的爸爸,理应引导孩子学会包容他人的缺点,学会理解、善待他人,只有这样的人才能受到更多人的尊重,获得更多人的亲近,良好的人际关系也将为他未来的发展带来更多的益处和机遇。

那么,如何引导孩子包容他人的缺点,学会理解、善待他人呢?

第一,平静对待他人的缺点。

对任何人而言,别人的缺点与自己就是"有"或"无"的关系,"有"就是他人的缺点可能会影响自己正在做的事,"无"则是他人的缺点与自己没有一点关联。所以不妨从这两方面来引导孩子包容他人的缺点。

如果他人的缺点影响到了孩子,比如做小组作业,有的同学反应慢、出错率高,就会影响到孩子所在的小组的成绩,的确会让人感到急躁。

面对这种情况,有位爸爸是这样来开导孩子的:"包括他在内,你们所有人肯定都想把作业做好,所以大家都在尽力而为。我建议,你们倒不

如更合理地分配一下任务,让每一个人都能发挥自己的优点,我相信你们可能就能做到人人满意了。"

缺点人人都有,但如果当我们能够平静一些看待这件事,并有智慧地绕过缺点,去寻求最大的优势发展,就能做到皆大欢喜。

如果他人的缺点与自己没有任何关系,就更要提醒孩子:缺点是每个人身上伴随一生的东西,每个人都可以不断地学习,改正一个个缺点。但是随着成长,新的缺点也会随之一个个诞生,因为人每走一步都是在向着人生的一个新领域进发,而进入新领域,势必会犯各种各样的错误,这是每个人的必然经历,所以谁也没有理由去嘲笑谁。只不过,对于不同的人来说,可能会在不同的地方存在缺点,所以也许在这个地方他的确不如你,可没准儿在某个地方,你也需要仰视他。

有缺点,这是一件人人"平等"的事情,既然大家都有,所有人就都不过是"半斤八两"而已,若是嘲笑他人,便也就是"五十步笑百步"了。

第二,理解并善待那些"不如你"的人。

一个班级里几十个孩子,综合表现总能排出个一二三来。那么表现好的孩子对待表现不好的孩子态度又该如何呢?

正确的做法是,理解并善待那些"不如你"的人。没有人甘愿落后,如果能够争前,所有的孩子都愿意往前跑。但是人与人在天赋、能力等方面的表现又的确存在差异,总会有"不优秀"的孩子。然而,每个人都以自己的方式努力向前。所以,如果孩子在前进的道路上表现得很轻松,那么他应该感谢自己的天分(父母给予的天赋基因强大)与努力,而对于落在后面的人,他也应该看到他们不放弃努力的勇气,并表示尊敬。如果有余力,倒不如向对方释放善意,予以适当的帮助。

可能有孩子会说了，有的人就是自暴自弃了，还不允许别人嘲笑他们吗？这种想法就大错特错了，没有人有资格嘲笑他人，他人要过怎样的人生都是对方自己的选择，拥有宽容之心的人，会尊重任何人的任何选择，可以给予善意的建议，但并不适宜严厉批评与强行干涉。

第三，做到"见不贤而内自省"。

包容他人的缺点应该怎么做？不仅是不去嘲笑、讽刺、贬低对方，也不仅是给予一些适当的帮助。这个时候孩子也应该向内求，做到"见贤思齐焉，见不贤而内自省也"，"择其善者而从之，其不善者而改之"。

虽然说人与人之间在缺点方面"各有千秋"，他有的缺点你不一定有，但这并不意味着你不需要注意了。其实这一点在平时我们也经常做，比如我们会嘱咐孩子在学习中"要细心啊"，尽管他可能一直都很细心，但我们也会提点他这一句，让他能做到防患于未然。

宽容的美德中，其实也是包含这一点的。正因为孩子可以宽容看待他人的缺点，才能正视这个缺点，并进行自我反思，同时也是给自己敲一个警钟，让自己在以后遇到类似事情时不会犯同样的错误。

换位思考
——为他人着想是天下第一等的学问

从心理学角度来看，孩子一般在两岁左右的时候，便逐渐学会用"我"来代替自己，再之后，他的自我意识便开始逐步有更新的发展。

所以从一开始，孩子最先关注的就是"我"，这是人生的成长规律，而且在最初的阶段，因为对"我"的逐步认知，孩子原本就会有"我就是我，是与他人相区分"的感觉，如果此时再加上家人对他的纵容，过分的维护和顺从，长此以往，他势必在"唯我独尊"的道路越走越远。而很多孩子也因此养成了自私的性格。自私的人心胸必然狭窄，分享尚且都可能无法实现，更无论站在他人角度去思考了。

然而，做人的原则中，却有一个天下第一等的学问，那就是换位思考——懂得为他人着想。会换位思考的人可以更好地与他人沟通，彼此心意相通会让人形成合力，从而实现事半功倍的效果。而且懂得站在他人的角度考虑问题，也会更增进人与人之间的情感，从而拥有别样的财富——良好的人际关系。

所以，如果说"唯我独尊"只能让孩子暂时享受一些小利，那么换位思考才能给他打开通往更多可能的通道，让他收获得更多。

要教孩子学会换位思考，可以引导他注意以下几点：

第一，不因对方与自己观点不同而着急上火。

争执源于双方对各自观点的维护，同时也源于各自想战胜对方的心理。孩子都会有这样的时期，他们听见别人不像自己这么想，就巴不得对方同意自己的观点，忍受不得对方说自己的不对，并因此而着急。

听不得不同观点意见，这是换位思考的一大忌，所以换位思考的第一步，就是要教孩子学会平静地对待各人的观点。人与人各有不同，那么想法当然也会有不同，或者说对方与自己的想法不同，这几乎是一种必然，千万人中遇到一两个能与自己心灵相通、想法一样的人真的是太难得了。

既然如此，就教孩子学会采取中立的态度，就是不带个人感情色彩地去听对方的表达，不妄自判断，不贸然排斥、否定。越是平静，便也越能保持理智，不会从一开始就将所有"与己不同"拒之门外了。

第二，通过提问来了解对方的想法。

一个观点表达出来，并不是随口一说、随便想想，若想做到换位思考，孩子还应该先作一个仔细的了解，那就是对方为什么会有这样的观点，所以他不妨多问几句。

在听的过程中，孩子可以思考，但不是以自己的思路思考，而是还要用对方看问题的角度，可以多问问，以了解对方在遇到这件事的时候是什么感受，是从什么样的出发点出发得出了现有的结论。

实际上，这个了解的过程，就是在帮助孩子用对方的思路思考的过程，孩子需要顺着对方思考的方向，这样才能实现对对方的理解。

第三，站在对方的位置去思考对方的思路。

很多时候孩子总是以自己的心情、自己的感受去判断一件事，但这很容易发生冲突，所以我们才要引导他站在他人的位置去思考他人的思路。

有一位爸爸是这样做的：

爸爸接女儿放学回家，路上女儿和其他朋友一起玩了一会儿，其中一个孩子热情地分享了自己的食物，分到女儿这里时，女儿却不言不语只是扭头离开了，这是很没有礼貌的表现，但爸爸当时没说话。

回到家，女儿自己吃零食的时候很开心地来跟爸爸分享，爸爸不言不语，扭头离开了。女儿跟在爸爸后面叫了几声，很不开心地说："爸爸，怎么不理我呢？"爸爸这才停下来，扭头弯腰，看着女儿的眼睛说："我不理你，你很不开心。那你刚才在朋友分享的时候也没有理会，她会不会也不开心呢？"

女儿这才反应过来，点点头，爸爸继续问："如果下次你再遇到这样的事应该怎么做？"女儿连忙说："我告诉她'谢谢你，我不要'。"

顺从于自我的心意去做事，当然是令自己顺心了，然而人与人之间的相处却不能任由我们每个人任性妄为，否则势必会出现碰撞，出现矛盾。

只有考虑到他人，用他人的视角去考虑，才能理解对方的情感，并缓和当下的矛盾，彼此才能都感到愉快。

第四，表达对对方的理解，但不要为自己的观点辩护。

怎样才算实现了换位思考？孩子可以自行判断，这需要分两步：

第一步，看自己是不是已经理解了对方以他的思路思考出来的内容，不用赞同，但要知道对方这样思考是有他的考量的，可以不评价，但没必要去指责，能平静看待对方的观点，就意味着"换位"完成了一半。

第二步，有原则地表达自己的观点，但重要的是，不为自己辩护，就如同平静理智看待对方的观点一样，我们也要平静对待自己的观点。因为除非一些绝对原则性的观点，每个人都会有自己认为正确的思考方向，正所谓"一千个人就有一千个哈姆雷特"，孩子没有权利以自己的标准来评价他人的对错，所以也就不必印证自己是正确的，只要表达出来就足够了。

这样，就意味着孩子已经可以更冷静地处理人与人之间的关系了，他不会与人争吵；他可以接纳不同意见，可以把自己的观点有理有据地摆出来，但不会强迫他人接纳，这才是真正的成长。而这样的沟通氛围自然也会换来彼此和谐相处，如果能长久如此，生活自然也会变得恬淡幸福起来。

带孩子经常亲近大自然，让他的心胸变得更开阔

杜甫在《望岳》中说："会当凌绝顶，一览众山小。"

李白在《行路难·其一》中说："长风破浪会有时，直挂云帆济沧海。"

苏轼在《江城子·密州出猎》中说："会挽雕弓如满月，西北望，射

天狼。"

曹操在《观沧海》中直言："东临碣石，以观沧海。水何澹澹，山岛竦峙。树木丛生，百草丰茂。秋风萧瑟，洪波涌起。日月之行，若出其中。星汉灿烂，若出其里。幸甚至哉，歌以咏志。"

……

诗人为什么能写出如此大气磅礴的诗词？仅仅阅读这些文字，都能体会到他们藏于内心的那片广阔的沧海桑田。这其中的原因其实很简单，因为这些诗人都曾经踏遍大山名川，他们见证了大自然的雄浑壮阔，眼界被打开了，心胸自然也跟着宽广起来，考虑的事情便也随之融入了大格局，这几乎是一种发展的必然。

自然是神奇的，它可以带给人与生命有关的重要启示。子贡就曾经问孔子："君子之所以见大水必观焉者，是何？"而孔子则以水的德行回复了他，指出水有德、有义、有道、有勇、有法、有正、有察、有善教化、有志，"是故君子见大水必观焉"。孔子说，"知者乐水，仁者乐山"，他得出这样的结论，正是因为他便喜欢登山临水，正是因为反复地"观"，反复地"思"，投入欣赏并加以思考，孔子才能从中获取智慧与灵感。

圣贤之人的高度可望而不可即，但这并不妨碍孩子不断地向之靠近，所以我们也不妨效法先人，经常带着孩子走进宽广的大自然，拓宽他的眼界，开阔他的心胸。

首先，带着孩子接近身边的自然。

现在很多人恐怕已经很久都没有关注身边自然的四季景色了吧！

春日曾有"万树江边杏，新开一夜风。满园深浅色，照在绿波中。"夏季也有"接天莲叶无穷碧，映日荷花别样红。"秋天再有"雨水夹明镜，双桥落彩虹。人烟寒橘柚，秋色老梧桐。"寒冬又有"千山鸟飞绝，万径人踪灭。孤舟蓑笠翁，独钓寒江雪。"

拓宽孩子的胸怀
——让孩子拥有海纳百川的境界与舞台

一年四时的自然美景，其实就在我们身边，那就不要错过这些美好。放下手机，也把电子产品从孩子眼前拿开，带着他走到户外，看看小区里的绿树小草，看看街边公园的花鸟鱼虫，看看郊外的农田草场，看看就在不远处的江河湖海……带着孩子认识植物、了解昆虫、聆听鸟叫，跟他一起观察四季景色的变化，关注植物和动物之间有趣的关系。

虽然孩子不一定能写出犹如诗人那般美丽的诗句，但他的心境却会在不断地接近自然的过程中变得平静，纯真自然的善性会被很好地保留并延续下去。善心是发展宽容美德的前提，而且他的身体也将因为经常这样跑来跑去而变得灵活健康。所以，这是对孩子的身心极好的锻炼。

其次，找机会带孩子去看看真正的高山大川。

如果说家门附近的自然景色是引导孩子迈入自然的大门，那么那些真正的高山大川，则会把孩子带入自然的深处。而只有登上高山，才能领会"会当凌绝顶，一览众山小"的妙境；只有看到大海，才能见到"水何澹澹，山岛竦峙"的险峻美景……所以，真的想打开心胸，孩子一定要去看看那些真正的高山大川，哪怕只是一两次，也会带给孩子内心冲击。

注意，要量力而行，选择合适的地点，最好是全家一起去感受。面对这种壮阔，相信不只是孩子有收获，我们自己也会感觉心胸更为广阔。而且自然具有神奇的力量，在自然面前，很多所谓的"大"烦恼都会化小甚至消失，所以对于正处在烦恼中的孩子，或者正处在失意、挫折当中的孩子，这时去看看高山大川，也是帮助他开阔心胸的一个绝佳办法。

最后，鼓励孩子留下对自然的感想。

人们常说"歌以咏志，诗以传情"，面对自然，古人用大量的诗歌表达自己内心的感想，那么孩子受到自然的启发，开阔了心胸，也应该留下一些不一样的感想。所以可以鼓励孩子在感受完自然的震撼后，留下一些自己的感想、游记、观后感或者简单的随笔、日记都可以。

  这些记录并不只是当时用来抒发内心情感用的，在日后如果再遇到一些不如意，翻看这些文字，记忆会自然被调动起来，当时高山大川的自然美景给自己带来的震撼又会重回大脑中，同样能起到调节心情的作用。

第十四章

让孩子有责任担当
——勇于承担，铸就孩子的好未来

责任感是一个人拥有健全人格的重要基础，敢于承担的人，不仅会保障自我家庭的安定，更会保障社会的和谐。责任的承担是一个人成长的开始，无论他是成人还是孩子。对孩子而言，责任感能够让他以一种认真、负责的态度来对待自己周围的人和事。研究发现，天才少年之所以聪明，是他们往往比平常儿童有更多的责任感，从而促进这些孩子认真思考、有效学习。看，做人、做事、学习，甚至是交往，都离不开责任感。所以，要重视培养孩子的责任感，让他从小就有担当精神，从而成长得更好，拥有更好的未来。

好爸爸应尽职尽责敢担当，做孩子心中的大英雄

什么是责任心？怎样表现责任心？要做什么？关于责任心，孩子其实有很多不懂的地方。身为有大格局的爸爸，须知责任心对一个人的重要，要用实际行动来向孩子展现与责任心有关的一切内容。怎么办？很简单，只要做到"尽职尽责敢担当"，就会让孩子看到他心中的大英雄是怎样炼成的。

第一，尽职。

所谓"尽职"，即作为男人要做好自己的本职工作。一般家庭中，爸爸往往都是在外风里来雨里去承担养家责任的那个，所以要成为认真工作的男人，不求大富大贵，但对分担给自己的工作一定要尽心尽力。

而作为爸爸，还有另一个职责，那就是爸爸的职责，不要把教育孩子的所有工作都推给妈妈，甚至是推给老人。认真工作并不是逃避家庭教育责任的借口，恰恰相反，很多妈妈也同样是工作、家庭两兼顾，那作为一个不论是身体素质还是精神力量都要更强壮一些的男人，理应与妻子一起肩负起照顾家庭以及工作养家的责任。最重要的是，坚守爸爸的职责不仅会让妈妈得到喘息，孩子也会感受到来自爸爸妈妈的双重关爱，这样对孩子的教育就不会只是妈妈单方面的"一条腿走路"，而是变成了双足踏地，稳稳当当，一柔一刚，不管哪方面都不曾缺席，孩子将会收获最大的益处，而且他也将感受到一个家庭完整的爱。

第二，尽责。

所谓"尽责"，指对事、对他人、对己、对社会都有应尽的义务责任，该是自己的责任不可逃避。比如，顾炎武说"天下兴亡，匹夫有责"，指的就是每一个普通人，都有平天下的责任，只有每一位普通人都团结起来，都能发挥自身的能力，才能换来天下太平。

事实上，社会分配给爸爸的责任还是很多的，诸多繁重的工作需要爸爸去付出；男性凭借自身的能力也会对很多人提供必要的帮助；对内要养活自己的家庭，好好爱护家人、教育子女、赡养老人；对外要建设社会、守护国家，为国家创造财富，乃至于为这个世界奉献自己的力量……这是每个人都必须承担的责任，不容忽视，更不容推卸。

第三，敢担当。

所谓"敢担当"，就是认真负责、敢于承担，这一点是责任心里最重要的。在是非面前能够坚守原则，在困难面前敢于迎难而上，在危机面前敢于挺身而出，在问题面前敢于承认错误……很多时候，爸爸对责任的态度也将决定一个家庭的和谐与否、幸福与否。如果爸爸逃避责任，那就相当于家中的主心骨不稳固，妈妈和孩子也就更加没有了依靠。所以爸爸的"敢担当"的精神也是帮助一个家庭能够站稳脚跟的重要基础。

相信天下所有的爸爸都想成为好爸爸，而实际上，在绝大多数孩子的内心，爸爸本就是一个大英雄，那么我们就不要辜负孩子的期待，努力做到"尽职尽责敢担当"，成为他心目中真正的大英雄。

孩子敢于承担责任，这才是他真正成长的开始

要看一个孩子是不是真正有所成长了，就看他是不是能够认识到自己的责任，并敢于承担这些责任。一个孩子只有能够主动承担责任，才意味着他真正成长的开始。

有一位爸爸就曾这样说：

考试成绩出来了，看到儿子成绩并不那么好，我忍不住就说了他两句，哪知道，这可是打开了他为自己诉苦的大门。

他一会儿说这次考试很多题目都超了范围，大家都没考好；一会儿又说老师讲课用方言，有的地方他就没听得太懂；还说他的同桌有时候上课会找他说话，他没法集中注意力；还有老师没划重点，他都不知道到底应该复习哪部分；再有他觉得考场不舒服，太热了，甚至说考试的时候旁边同学总是咳嗽，影响了他的发挥……

我就听着他抱怨，没有一个原因是与他自己有关的，全是别人的错，都已经上初中生了，总是找客观原因，永远忽略主观原因，这没长大的样子，真是让我很担心。

推卸责任的人永远都长不大，责任心并不是"以后"才具备的，尽早培养孩子敢于主动去承担属于自己的责任，才能避免他的"晚熟"。

作为有大格局的爸爸，你一定深知责任心对于一个人的发展、一个家庭的发展乃至于整个社会的发展都相当重要，因此，一定要把对孩子责任心的培养摆在重要的位置才行。

首先，帮孩子认清并教他学会那些他该做的事。

培养孩子的责任心，可以从最平常的小事入手。当孩子能够清楚地意识到哪些是他该做的，哪些责任是他必须承担的时候，他的责任心也就能基本建立起来了。

在生活中，自己穿衣吃饭，洗漱清理，培养自理能力；在学习上，主动学习，认真写作业，独立解决问题；在家里，做力所能及的家务，保证家庭整齐卫生，孝敬长辈，恭敬哥哥姐姐，友爱弟弟妹妹，为家庭发展建言献策；在社会上，遵守公德，谦恭待人，诚信友善，知足感恩，安分守己，做好本职工作（学习），不给社会添麻烦，努力为社会贡献力量。

实际上，责任心的培养都是从细节开始的，可以说孩子每走一步、每做一件事，都包含有责任在其中。我们自己首先要做好，在榜样力量的影响下，培养孩子养成好习惯就会容易许多。

其次，教孩子正确处理自己犯下的错误。

能否正确处理错误，也是一个人是否有责任心的标志。重点关注一下这时候的孩子，先看他在错误面前是怎样做的。比如有的孩子可能会很明白地说"爸爸对不起,我刚才犯了错",这意味着他已经知道这件事是出于他自身的问题了,此时应该肯定他敢于承认错误的表现,接下来就要了解事件的经过,教他正确处理事后,改正错误,掌握技能,从而有良好的表现。

但如果孩子在第一时间就告诉你,"爸爸,不是我的错,是××的错",那我们就要多考虑一下了。在了解事实的前提下,不要直接回怼孩子"不是你的错是谁的错",可以用询问、引导的方式来帮助他找准造成目前这个状态的真正原因。

比如有一位爸爸是这样做的:

5岁的孩子自己在客厅玩儿,水杯掉在地板上摔碎了,孩子却告诉我:"是桌子不稳,水杯才自己掉下去的。"我先带着他一起小心地处理了水杯碎片,清理干净水渍。待一切都做完,便有了下面的对话:

我问:"你刚才在哪里?"

他说:"就在桌子边上。"

我又问:"你在干什么?"

他回答:"想拿桌子上的饼干盒子。"

我问:"你能一下子把那么大的饼干盒子拿过来?"

他摇头:"不能,我拿的时候胳膊滑了一下……"

然后没等我问,他已经不好意思地说了:"我拿不住盒子,胳膊一歪,就把旁边的杯子碰下来了,桌子也被我撞歪了。"

我点点头:"承认错误其实没那么难,不是吗?如果你早承认了,我们现在就可以考虑是不是要把饼干盒子改成小一点的,并放到你可以够到的地方。事情其实挺简单的,但你为什么一开始不承认呢?"

他摸摸头:"我怕你说我。"

我叹了口气:"那以前的确是我太严厉了,我会慢慢改,和你一起改,好不好?"

他点头,我也觉得松了一口气。

对于自己曾经做过的事情,孩子其实都记忆清晰,就看我们是不是能有效地引导他对自己行为的反思。这位爸爸的做法值得推荐,保持理智,不去过多评论,就事论事,且追根溯源,并能发现并主动承担属于自己的责任,这无疑是对孩子的鼓舞。

再次,教孩子懂得尽责的真正意义。

尽责的意思是"尽力负起责任",这里面包括三个内容:

其一,要意识到责任。如前所提到的,孩子要知道自己需要承担怎样的责任,凡是属于他的责任,都不可推卸。

其二,要负得起责任。孩子不能说"我知道这是我的责任,我做不做另说","知道责任"和"能负责任"不是一件事。孩子应该真的有所付出,他要能将"理论"化为"实践",该做的事情都要努力做到。

其三,要尽力去做。有的孩子可能会装样子,自己说"我会做",但实际上还是不动,而有的爸爸可能在妈妈的提醒下就会过度操心,一边提醒孩子一边却上手代替,这无疑更助长了孩子"不理会责任"的错误态度。要引导孩子将负起责任这件事落到实际行动上来,要付出自己的全部力量。

最后,培养孩子养成"明责"的习惯。

有些孩子不一定没有责任心,有时候分配给他们的任务他们也可以做到,但是这些都是被动的承担责任。孩子终究要独立,如果总是等着别人安排过来的"责任"他才行动,这无疑不利于孩子人格独立的发展。

所以,要培养孩子养成"明责"的好习惯,也就是他要能明确自己的责任，包括前面提到的那些基本责任，以及之后他应该肩负的责任。要让那个他能够明确自己到底能做什么、做到哪一步，尽自己的力量做到问心无愧。

宁为成功找方法，不为失败找借口
——孩子要为自己的言行负责

一个人是否能独立要看什么呢？相信你会有很多答案，比如人格健全、思维独立，不人云亦云，可以照顾自己，并让自己过上好生活……当然这些都能表现出一个人的独立，可还有一个更为关键的因素——能为自己的言行负责，在生活和学习中能够做到"宁为成功找方法，不为失败找借口"。

说到找借口，想起两句话，一句是"久病床前无孝子"，另一句是"英雄难过美人关"。请问，这两句话是谁说的？一定不是圣贤说的，而是那个不想照顾病床上的父母却又想给自己一个"孝子"美名的人说的，是那个贪恋美色又想给自己一个"英雄"美名的人说的。难道不是吗？

再有，现在有的人说话办事并不负责，有了功劳都是自己的，有了问题全是别人的。

这一点在一些孩子身上表现得也比较明显。他说出来的话、做出来的事与其冲动性有很大关系，从来不计后果地去表达、去行动，可一旦结果并不如他所愿，他又会以哭闹来抗拒，并强烈表达不满，哪怕提醒了是他自己的言行所导致的，他也会将这个责任推得干干净净，以表示自己的无辜。

比如，早上起晚了，孩子会直接抱怨，"你都不早点喊我"；忘记带作业本，也会在挨过批评回家后指责父母，"谁让你们不提醒我"；有些事情自己做不到、做不好，就埋怨别人不给他帮忙……

当孩子不停地为失败找借口时，离成功也就越来越远了。而且，这种不负责任的态度会让他养成爱抱怨的性格，总是觉得周围的人欠他的，自然就很难得到良好的成长，那这样的孩子又怎么能感觉到幸福呢？

鉴于此，还是把"宁为成功找方法，不为失败找借口"的智慧教给孩子吧！当他确实能够对自己的言行负责时，他会更专注于如何让自己变得更好，而不会因为责任心的缺失让自己离幸福越来越远。

首先，及时向孩子强调"自己的"这个概念。
- "这是你自己说的话，所以最终结果如何，你要自己承担。"
- "既然是你自己要这么做，那么做成什么样子你都不能抱怨。"
- "这是你自己要求的，就算结果不好你也只能接受了。"
- "因为是你自己做的，虽然结果不能让你满意，不过也只能如此了。"
- ……

类似这样反复提到"自己的"这个概念的话，建议在孩子说话做事之前以及之后，对他多提一提。尽早向孩子强调"这是你自己说的""这是你自己要做的"，可以反复多说几次，以获得孩子的认可，他便会认定接下来要说的话、要做的事的确是出自他自身，那他多少都会对其重视起来；而事后再强调，则会让他意识到这都是他的言行所带来的结果。

如此一来，孩子会慢慢意识到，原来很多言行都是源于自己本来的意愿，而与他人无关，这也相当于让他产生了"不得不"去自己主动思考和接纳某些事实的认知。而且因为都是自己导致的结果，好坏也将不得不由他自己去承担，这便会促使孩子必须为自己获得更好的结果而思考、改进。

虽然爸爸这样说好像有些不近人情，但是作为有格局的爸爸，眼光应该是长远的，要看得到这种自我承担对孩子未来人生的重要影响。所以，还是要拿出爸爸的魄力，尽早帮孩子分清"自己的"责任比较好。

其次，鼓励孩子多去想"怎样才能做得更好"。

如果说提醒孩子注意"自己的言行"是帮他确立责任心的前提，那么鼓励孩子去思考如何才能做得更好就是在帮他完善自己应该担负的责任。

大多数孩子都需要接纳一种更实际的指示，"怎么做""做什么"对他来说更实用一些，而"你要负责"更像一种理论性的内容，如果说得多了，在孩子听来就变成了说教，他很可能是拒绝这样的说教的。

因此，要将鼓励的内容重点放在引导孩子去思考"怎样才能做得更好"，给他一些提示，比如多翻书、多思考、多提问、多向他人请教、多向能人学习等。我相信孩子都是有自我思考能力的，当反复给予他这样的提示之后，也许孩子就会进入这样的思维模式，当再遇到类似事情或问题时，他就可以向着更好的方向去思考和行动。

最后，理性关怀独自承担失败的孩子。

愿意为失败自我买单的孩子，从本质上来讲应该是值得肯定和鼓励的。这时孩子可能会显得很懊恼，他也会抱怨，比如他可能会说"如果我不那么做就好了"，也可能会说"要不是××我就能赢"，这时我们应该接纳他因为失败或者不如意而感觉到郁闷难过的情绪。

年龄越大，孩子的自尊心就越强，他并不喜欢被人反复强调哪里有问题，但如果你能给他一些更合理的提示，让他知道自己怎样做就能避免或者改正错误，并能有更好的进步，他会更乐意与你分享他的喜怒哀乐。

这里所说的"理性"，也是要收起不合适的"慈父"之心，拒绝包办代替。理解孩子的情绪，愿意给他提供帮助，但并不会帮他做得太多，最终孩子还是自己去为想获得的成功努力，不管是思想上还是行动上，他都要自己去努力,这才利于对他自我责任心的培养。

正己方能化人,正己而不求于人,则无怨

今天一些爸爸与孩子之间产生矛盾的根本原因就是对立,就是不了解孩子,还特别想控制孩子。如果想化解这个问题,就需要我们做对、做正自己,如此才能感化孩子,正所谓"正己化人"。还要爱孩子,接纳他,跟他做心灵的沟通与连接。

曾国藩也曾说:"唯正己可以化人,唯尽己可以服人。"意思是,只有先端正自身的修养与言谈举止,才能去影响感化他人;唯有全力以赴尽人事,才能使他人信服。儒家经典《中庸》也指出:"正己而不求于人,则无怨。"也就是说,专心端正自己却又不苛求别人,这样就不会有什么抱怨了。

其实这两句名言的重点全在"正己"这两个字上。正己,端正自己的思想、言行,这也是有责任心的一种体现。只有每一个人都不断地注意修正自身、提升自我,整个社会的综合素质才会得到提升,社会风气也将越变越好,大环境之下的人也将越变越好,这会形成一个良性循环。

将"正己"这件事放在孩子身上,同样很有必要。现在一些孩子都有这样一个小毛病:不愿意听我们或周围的人夸耀别的孩子,但同时也并不愿意听见我们指责他自身的问题。如此一来,孩子就处在了一种自我封闭的状态下,看不到他人的优秀,也感觉不到自己的差距。这不仅是对自己的不负责任,也是对他人、对家庭、对社会的不负责任,毕竟若是人人都不思"正己",那么整个社会就会充满自私和戾气。

单就"正己"这件事来说,我们其实完全可以利用孩子这种"想获得

认可肯定"的心思，通过正确的引导，培养他具备正己这份责任心。

第一，提醒孩子要"正向"去正己。

之所以要提醒孩子采取"正向"的方式正己，是因为有的孩子是在贬低自我的前提下来正己的。比如有的孩子会说，"我怎么就是那么笨，就是比不上别人，我太没出息了"，带着这样的心态去做各种提升自我的事情，往往效果都不会好。

贬低自我带有一种负面情绪。孩子如果总是认为自己不行，那么再怎么努力他也不能从中体会到快乐，即便看到了成绩，他也不会因为自己有进步而感觉更有动力；相反，他可能还会觉得"我怎么就没能达到别人的高度"，并因此而变得更加烦躁。

所以，要引导孩子学会正向思考，让他看到自己已经拥有的，从而建立自信，再鼓励他勇敢正视自己的缺点和问题，并不断激励自己，脚踏实地地实践，一步一个脚印地前行，如此"正己"，就一定会进步。

要注意，正向引导一定要以孩子当下的表现为基础，不夸大，否则孩子可能会从原本的看不起自己变得太看得起自己，从而自负不已。

第二，引导孩子把更多精力放在自己身上而不是他人身上。

那些越是成功的人，越是把更多的精力放在自己身上，不是炫耀，而是审视自己哪里做得不够好，还需要改进，并且努力付出，不断提升自己；而那些一知半解、好大喜功的人，才会将注意力放在他人身上，并不断指责他人，还喜欢用高标准来约束他人，而且还振振有词"我这是为了你好"，但却"宽以待己"，得过且过。

你希望孩子成为哪一种人？答案显而易见。所以，引导孩子学会"正己"，当然要让他多关注自己，而且能管得住自己，而不是总在意他人。当然对别人也不是一点不在意，正所谓"见贤思齐""见不贤而内自省"，孩子虽然眼看着别人，可其实内心还是在思考自身的成长，这才是关注他人的正确"打开方式"。

第三，告诉孩子，有时候"苛求"一下自己也是好事。

有的人容易对自己心软，所以有拖拉磨蹭、粗心大意等毛病，这些毛病并非无可救药，只要心性坚定，每个人都能向好发展。同样的道理，孩子很多时候也会这样，认为"我已经做得不错了，可以休息了"。

爸爸教孩子练字，原本要求每天认真练习10个字，由爸爸点评、进行更细致的教学。但每到周末，孩子为了能好好玩，便在周末两天早起的时候，草草练完后就彻底放松了。

爸爸问他，他就会说："我已经写完字了，我现在想玩。"

爸爸不得不严肃地提醒他："练字没有轻松的时候，如果你草草应付了事，你前面的练习就都白练了，只有严格要求自己，不轻易放松，才能看到进步。你看爸爸，到现在为了写好一个字还要不断练习，你现在这样对待写字是不是太不认真了呢？"

在正己的过程中，很多孩子会有偷懒的想法，他对完全放松自由的状态是非常向往的。这就需要我们有更合理、严谨的监督，虽然说不必对孩子过分严厉，但有时候也应该让孩子对自己"苛求"一些，因为这样他的学习、做事才会更有成效。

全方位培养孩子高度的责任感，责任铸就孩子的未来

责任感也分大小，一个人拥有什么程度的责任感，将决定他未来格局的大小，而这又会决定他未来人生的成功与否。显然，如果一个人拥有全方位的、高度的责任感，会比没有责任感或责任感不强烈的人要有更幸福美好的人生，因为责任感会帮他铸就精彩的未来。

孩童时期是培养一个人责任感的最佳时期，要让责任感融入孩子的血液中，通过全方位的培养，帮他铸就一个更为远大的未来。

第一，要放手，让孩子从小事做起。

培养孩子的责任感不要忽略孩子身边发生的日常小事，小事往往会对孩子责任感的养成发挥巨大的作用。孩子的成长是一个较长的过程，在孩子成长的过程中，每天他都会遇到许多小事，要善于抓住这些点滴小事培养孩子的责任感。

比如，孩子小的时候，教他自己盛饭、自己拿凳子、自己吃饭等。随着孩子年龄的增长，可以放手让他多做一些事。这样，孩子就会明白，这些小事都是他的责任，他必须自己完成，责任感就会慢慢形成。

这个过程，你可能会急躁，看着孩子笨手笨脚地干那些成人两三下就能做好的事，很容易脱口而出："算了，算了，我来吧！"要记得，你的用意不是赶快把事做完，而是培养孩子。所以，要耐心地告诉他："不要着急，慢慢来。"等孩子做熟练了，就可以让他经常做，并给予他鼓励和肯定。

第二，鼓励孩子勇敢地承担起责任。

要鼓励孩子敢做敢当，让他懂得自己不同的一举一动可能会产生不同的后果，不要逃避责任，要勇于承担。比如，孩子不小心打破了人家的玻璃，或损坏了公共物品，不要责备，而是请他详细描述事情的经过，从中帮助他明白自己的错误。当然，去给损失的一方承认错误是必须的，还要赔偿，这是孩子懂得负责任的开始。在这个过程中，也要肯定他的诚实。

第三，锻炼孩子多方面的能力。

有这样一种说法，"能力越大，责任越大"，高度的责任感来源于孩子自身的能力。而那些拥有更大能力的孩子也可以承担起更大的责任。

比如，一个孩子如果只知道自己的事自己做，那他的责任感可能就停留在好好生活、尽量自理上；但若是更进一步，让孩子掌握了更多的技能，有了更大的能力，他就可以做更多的事，这些事就会从家庭扩展到社会，于是从学习到工作，从小集体到大团队，他都能发挥作用，承担责任；如果还能更进一步，孩子拥有更强的领导力，他要承担的就是更大的责任，同时他能为集体、社会做更大的贡献，当然，他也会有更好的人生发展。

每个人都不能圈在小家庭里独善其身，毕竟社会是个大家庭，只有更多的人为了这个大家庭努力，社会才会更加进步。所以，还是要培养孩子具备更多的能力，正所谓"技多不压身"，一个人会得越多，除了责任越大，他的眼界也将与众不同，他的收获也越多。

第四，拓宽孩子责任感所涉及的范围。

一个人应该对哪些人、哪些事负责？个人、家庭、集体、社会、国家乃至世界，细数起来，每个人所要肩负的责任都不是单一的。那么既然大环境如此，我们当然不能让孩子只是承担他个人的一点责任。

所以，从孩子自己的事情自己做开始，再到我们逐渐给予他更多的各种参与机会，让他在一次次地提意见、参与活动与行动的磨炼中培养责任心；同时还要培养孩子在集体中的责任感，提醒他在小团队中、在班集体中发挥积极作用；也要培养孩子在公共生活中的责任意识，不给社会添麻烦，尽最大努力做好自己、做正自己、影响他人，更好地发挥自己的价值。

第十五章

给孩子一个自信人生
——自信是孩子终身受用的资本

自信对于一个人的影响不言而喻,越是自信的人,其行为越是自如,行为所带来的结果越能令他获得期望中的满意程度。对于孩子而言,自信有助于孩子形成良好的人格,提升他的核心能力,使他更高效地生活和学习。自信的孩子,未来的生存和发展状态将会比较好,其生活品质也会更高,心理也将更健康。如此来看,自信正是孩子可以受用终身的资本,所以要引导他重新认识自信及其价值,掌握建立自信的有效防范,从而更有勇气去迎接未来的挑战,实现自己的人生目标,进而拥有信心满满、无限美好的人生。

好形象价值百万
——帮助孩子建立良好的外在形象

尽管我们对"内在美要好于外在美"的观点持有赞同的态度,但不能否认的是,很多时候,良好的外在形象也会成为一个人的有利条件,他会带给人自信,也会给人良好的第一印象,还在一定程度上体现一个人的素质与修养。所以有人说,"好形象价值百万",这是有道理的。

说到底，父母对孩子的外在形象都是在意的。看看现在发达的微信朋友圈、QQ空间、微博等社交媒体上，"晒娃"绝对是一个不容忽视的内容，众多爸爸妈妈更愿意把自己的孩子美好的一面展现给朋友们看。

人对于美好事物的追求是一种天性，所以，帮助孩子建立良好的外在形象也是一种正常的心态，只不过，还要帮孩子建立正确的审美观点。

帮助孩子建立良好的外在形象，可以参考以下几点：

第一，保证孩子基本的整洁。

有的爸爸对孩子形象的关注可能有点偏激，一说孩子要有一个好形象，就开始把孩子从头到脚进行形象设计——贵的、美的、帅的……但实际上，孩子最初对自己形象的认知，应该从最简单的自身的整洁开始。

比如，如果孩子上幼儿园，那就保证他每天衣服的整洁，不一定非要很贵的衣服，但一定要柔软舒服且便于行动；如果孩子已经是小学生、中学生了，穿校服将成为他的日常，那就应该保证他的校服是整洁的。孩子的内衣一定要勤换勤洗，因为内衣的干净将影响到孩子的身体健康与心理状态。同时，孩子的指甲要经常清理，头发要勤洗、勤打理，手、脸、脚要保持清洁，好好刷牙，更要勤洗澡。

也就是说，最起码先要保证孩子的整体形象整洁，这将帮孩子树立起一定的自信，毕竟一个整洁的孩子给人的感觉就是清爽的，是愿意被接近的。获得的接纳越多，孩子越有被认同感，接触的面也将越广，这无疑会进一步提升他的自信心。

第二，帮孩子构建内在的形象模板——气质。

气质，一般是指从内而外发散出来的人格魅力，包括修养、品德、待人接物、言谈举止等各方面的内容，可以让人显得高雅、恬静、温柔、豪放……可以说每个人都有自己独特的气质，而且这种气质并不是每个人自己就能总结出来的，而是要靠自己内在综合修养的不断提升才可能实现的结果。

美不只是外在，更深层次的源头一定是在人的内在。所以若想让孩子获得令人赏心悦目的自然美，当然要致力于培养他独特的气质。那么不妨就参考前文"爸爸篇"开篇提到的教育家张武龄的教育方式——教孩子读书，培养孩子的良好志趣。

读书是最能陶冶情操、提升内在修养品位的方式，所谓"读书，贵在变化气质"——根源在于心，忧虑少，心才会正，而心正才会身修、家齐……凡是读书多的人，言谈举止中自然会带有一种书香气韵，博览群书更会带来宽阔的眼界，言谈举止中也将自然带着一种大气，这种大气显然是装不来的，正所谓"知之为知之"，知道得越多，为人气质便也更显大格局。

再有就是志趣的培养，张武龄断然拒绝孩子们对于打牌赌小钱这个爱好的发展，并引导他们去欣赏更高雅的昆曲，去感受美好传统文化所带来的另一种乐趣，这是值得每位父母好好学习的。良好的志趣既让人放松身心，又能提升涵养。古人教育孩子提倡琴棋书画，今天虽然不一定非要如此刻板照搬，但还是要多引导孩子接触积极向上的兴趣，不带功利心地去引导他进入更有利于他个人提升的领域，这是值得考虑并用心去做的事。

第三，根据孩子的气质与年龄特点适度搭配衣装。

随着成长，尽管孩子可能已经明了"内在美远胜外在美"，但是对于外在美的正常追求也并不容我们忽略。三五岁的孩子，其实就已经明白怎样穿搭是漂亮的，是让他感觉愉悦的，更别提再大一些的孩子了。对于孩子的这种外在美需求，可以适当支持，至少也不要一概否定。

结合家庭的基本经济状况，可以在整洁以及内在充实的基础上，满足孩子对于服饰、发型的某些小要求，但依然不要出格。

作为可能习惯性对孩子满足的爸爸来说，服饰方面的要求要谨慎处理，不能孩子想要就给买，可以综合妈妈的意见，既要尊重孩子的审美，在适当满足孩子要求的同时，也不要忘记提醒孩子多注意对内在美的培养，尽可能保留孩童的纯真与青少年的朝气蓬勃。

总之，既要培养孩子既有的内在气质，又能对自己的外在有一个基本的搭配能力，保证他是一个内外兼修且能不断自我提升的无限向好之人。

提升孩子的自我认同感，激发他的自信潜能

人的自信源于对自我的认同，在做一件事之前，如果认为"我可以做到"，那么勇气就会带来信心与力量，哪怕能力并没有足够的强大，却也可能实现超常发挥；但如果认为"我可能不行"，那么不管做什么都会心生迟疑、自我怀疑，大脑对技能的操控能力也将减弱，原本的能力也将发挥不完全，从而导致失败。

那些缺乏自我认同感的孩子每做一个动作，甚至每说一句话，都要看旁人的眼神，唯恐自己哪里做不好，他不能确定自己到底能不能有好的表现，需要从旁人尤其是父母或老师那里获得肯定或者认同，这样他才感到心安。可即便如此，有些对自己认同感严重不足的孩子，总是需要反复进行心理建设以给自己打气，才可能去表现，而且其表现也多半并不能令自己满意。而一旦发现自己没有表现好，这种对自己的不认同感恐怕会更深。

可见，对自我认同感不足的孩子，没有足够的能力去评价并认定自我的价值，而是要依赖于外界对他的评价，所以他才表现得胆怯、退缩、悲观、被动、自我怀疑、犹豫不决，更有情况严重一些的，直接就觉得自己

不管做什么都完全不行。这样的孩子将越来越不敢出手出头，自己的一身本领无处施展，其实是很可惜的。

相反，自我认同感高的孩子，可以判定自己的能力，会有很积极的表现与想法，所以他可以积极主动，并乐于尝试，愿意挑战，会给人一种阳光向上的感觉。这样的孩子敢于接纳更多的新鲜事物，也将会有更多挑战自我的机会，自信带给他更多自信，其未来发展之路也会越拓越宽，充实的生活和不断可以体会到的成就感自然也会带给他更多的人生精彩。

所以，自我认同感的高低会直接影响孩子日后的发展，更是对他日后的幸福起到决定性的作用。那么怎样才能让孩子建立起自我认同感呢？

首先，给孩子一个自由宽松且对错分明的成长环境。

如果孩子经常被各种"不行""不可以""不允许"束缚，他的能力就不得施展，生活就宛如被操控一般，自然没法培养起自我认同感；如果孩子总是被指责、被要求改正，因为无法被认同，他也就很难认同自己。所以，要改变这种状况，尽可能给孩子一个自由宽松且对错分明的成长环境。

所谓自由生长，就是在基本的家庭规则之下，不要再设立过多的条条框框——各种"不"。除了一些基本的原则，如尊老爱幼、孝敬父母、诚实守信……再如保持家庭整洁、个人自理、家务承担……其他过多的"这个不准""那个不许"等，都需要多加斟酌，少苛求孩子，少无原则地限制孩子。

所谓对错分明，就是要求家庭教育中要有肯定、有包容、有夸奖，也有否定、有严格、有惩戒，孩子成长过程中一定不能少了"鼓励肯定"和"修正拒绝"，这二者是相辅相成的，缺一不可。"鼓励肯定"正是帮助孩子自我认同的关键所在，而"修正拒绝"则是帮孩子建立正确的自我认同的重中之重，所以两手都要抓，两手也都要硬。

其次，鼓励孩子相信自己的选择与言行。

孩子小时候都很依赖父母，他们会不停地问"妈妈我这样行不行""爸爸我那样对吗"……三五岁的孩子这样问，我们要回应，以帮助他确定自己的言行是否合理，但若是孩子已经读小学高年级、初中乃至高中生了，他还这样问，就应该考虑他的自我认同感是不是出了问题。

应尽早训练孩子的自信，比如在画画时，有的孩子会随意选择自己想要的颜色，我们怎么做？一定不要告诉他"你选这个颜色是不对的""你这样画是错的""你应该……"，只需要了解他为什么这样做，并接纳他的选择，他就能放心认同自己的选择了。

也就是说，要允许孩子自己选择，并引导他对自己的言行负责，少一些指责，少一些挑剔，肯定他为自己做主的行为，适当纠正一些原则性的错误，适当夸奖他愿意主动承担责任并由此而来的良好表现。当我们经常向孩子展现这样的态度时，他会逐渐对自己有一个较为良好的认识，并因为习惯性地自我选择而认同自己的行为。

最后，放手让孩子大胆去做、去承受。

成语中有"熟能生巧"一词，只要做到熟练精通，自然会表现得灵敏，并能获得更多好经验。孩子的自信心培养也是这个道理，当他能做到、做好的事情变多了，自然也就能对自己的表现有大概的了解，对自己的能力也会有一定的判断，自我认同感也会有所提升。

要实现这一点，就要放手，让孩子多做一些事，鼓励他大胆去做，并承受某些事情的后果，不论好坏，都要鼓励孩子自己承担。

对孩子的点滴进步
进行及时适度的肯定、鼓励与表扬

孩子获取自信的渠道很多，做一些能让他有明显收获的事的确有助于培养他的自信心，但我们在意的却不应该只是这些"大事"，孩子每前进的一小步等点滴细节也应受到关注，并且予以适度的肯定、鼓励与表扬。

日本教育家铃木镇一曾经说："培养孩子自信心的最有效的办法就是鼓励。鼓励代表理解，也代表宽容与支持。"孩子对于来自父母的鼓励其实没有那么多的奢求，越是平常的细节中的鼓励，反而会让他越能感受到父母的爱，这份爱才是让他生出自信心的最大的激励。

第一，尊重孩子在任何领域方面的进步。

如果说肯定孩子的进步，很多爸爸都会不自觉地将关注的目光放在孩子的学习上，哪怕是幼儿园的孩子，相较于他会自己穿衣、穿鞋、吃饭、上厕所这样的进步，会更乐于听到他"又认识了几个字""又会写了几个字""又能记住几个单词""又背诵了几首诗"……至于说已经上小学或初中的孩子，对他学习方面的进步更是格外关注，巴不得他能突飞猛进。

然而孩子的生活哪里是只有学习方面才会进步的？人的成长原本就是多方面因素综合进步才能称得上是成长，只有单方面的提升，或者说只专注于单方面的提升，孩子也不能算是成长。

要看到孩子在各个方面的进步，哪怕微小，也是值得肯定的。比如，幼儿园的孩子从原本不会自己穿衣成长为可以自己熟练地脱、穿衣服，这就是一个很值得肯定的进步，而且比多学会几个字更重要。

学习能力、生活技能、动手能力、品德品行等各方面的进步，都需要我们关注，而且应该投以同等程度的关注，不能厚此薄彼。

第二，根据孩子的能力高低来定义"点滴"的范围。

关注孩子的点滴进步，并不意味着盲目地去肯定、鼓励以及表扬他。比如，孩子在能力所及范围之内完成了一件事，是他应该做到的，孩子完成了他原本有责任承担的一件事，也是他不能推卸的……这样的表现我们可以肯定，但却不要大肆表扬。

应该根据孩子的能力高低定义什么才是真正的"点滴进步"，这需要了解孩子，重点关注他的努力情况。如果孩子之前在知识、能力、品德等某个方面确实做得不好，但通过努力，进步了，尽管可能还没有达到你的期待，或者是与同龄孩子比也有差距，但这都没关系，他的"点滴进步"的参照是他之前的表现，所以，对孩子这样的进步，还是要表扬的，而且要让他知道为什么表扬他。因为你看到并及时肯定了他的努力，这会让孩子对于自己的努力付出产生触动，并从这些肯定中感受到动力，进而继续努力进步。

第三，最好及时向孩子表明自己对于他进步的态度。

不知道你有没有注意到，当孩子取得了一定的成绩时，他一定会很快速地来向你汇报。比如有很多孩子一看见去接他放学的爸爸妈妈，都会飞快地跑过来迫不及待地分享他的成绩。

这个时候，孩子对于来自我们的肯定、鼓励和表扬是充满期待的，而我们就要及时回应他的这个期待。好好听一听他对自己进步的描述，或者密切关注他的言谈举动，及时发觉他的进步，给予他相应的肯定、鼓励和表扬，比如"你很努力，爸爸看到了你的进步，很不错""这是你努力的结果，爸爸向你表示祝贺""你取得了好成绩，爸爸跟你一样开心"……让他产生"我这样做是正确的""我的努力确实有了回报"的感受。

第四，对孩子给予"合理肯定""理智鼓励""适度表扬"。

面对孩子的进步，我们给予的回应内容也应该有一些"限定"：

肯定，应该是合理的，原则正确的事情值得肯定，原本的善意值得肯定，但如果错了就是错了，不能去肯定错误。

鼓励，应该是理智的，"我希望你按照这个劲头继续努力"，这是合理的鼓励，但如果说"你一直都是最棒的"，就是错误的鼓励了。只有符合孩子当下的状态，并能给予合理的期望，这才是让孩子感受到动力的鼓励。精神鼓励远好过物质鼓励，但合理的物质鼓励也可以让孩子获得"实惠"，所以一本书、一场电影、一次旅行、一次参观……类似这样的鼓励方式再加上精神上的推动，更能让孩子愿意继续努力。但金钱奖励要避免，比如考100分就奖励100元，这是不妥当的。短期来看，这确实能"激励"孩子学习，但与此同时，他的金钱欲望也被勾了起来，从而错误地认为，学习或考好成绩就是为了得到金钱奖励。当一定数目的金钱奖励满足不了他的欲望时，他很可能就会对学习撂挑子。

表扬，应该是适度的，没完没了和反复夸大的表扬，都会让孩子陷入沾沾自喜中，以至于止步不前。表扬孩子为了实现努力所做的付出要比表扬他最终的成绩有用得多，表扬他"你懂得努力并且善于努力，我很欣慰"要比"你真聪明"更能让孩子知道他可以继续怎样做……

善于发现并放大孩子的优点，不随便否定孩子

什么样的孩子更自信？显然对自己的优点一清二楚，且能更好地发挥这些优点的孩子，会更显得自信与大气。相反，那些经常被否定的孩子，则很容易自我怀疑，却很容易相信出自父母或老师口中的"别人家的孩子"身上的优点，这无疑会让他更加怀疑自我，进而信心缺失。

有的爸爸可能会说，孩子本来不是问题连连吗？如果总是肯定他，那他做什么都不愿意努力了，时常敲打他，他才能知道自己几斤几两。

人是有情感会思考的生物，同时也是容易因为他人的引导而发生偏离的生物。每个人都是在他人的评价之中建立起对自我的评价的，孩子更是如此，而且他对于他人的评价要更为看重一些。

所以那些出自爸爸口中的否定，应该"话到嘴边留三分"，不要轻易地就出口"你不行""这不对"……哪怕孩子真的不行，也应该注意说话方式，比如先肯定他的某一方面的优点，再说"如果在××上再提升一下就更好了"，这种善意的提示，要好过直接点出缺点所带给他的失落。

第一，对孩子进行纵向比较。

为什么我们总看到孩子的缺点？其实是因为我们在教育方面总是向外求，也就是眼睛总是关注着外面，看人家的孩子有哪些好的表现，尤其是同龄的孩子比自己的孩子优秀在哪里。这样的比较最伤孩子的心，因为我们在不知不觉中表露出来的对其他孩子的喜欢，会让孩子内心非常失落。

要比较，就应该收回这种横向比较，转换成纵向比较，也就是将孩子今天的表现与昨天比，将孩子现在的表现与过去比。只要孩子是不断成长的，他就一定会有变化，我们要善于观察并发现他的变化，尤其是像前一节提到的那些细节之处、点滴进步，经历纵向比较之后，也许会让你感到惊喜，而你的反应也会让孩子惊喜。

第二，不总是借助他人的优点来评价孩子的缺点。

每个人都有与众不同的优点和缺点。一个团队讲求优势互补，其实就是要求团队中的每个成员都发挥自己的优点，从而弥补其他人在这方面的不足，以实现集体的更好合作。因为一个人很难集聚所有优点于一身。

孩子也是如此，有的爸爸习惯于用类似"都是一样的孩子，为什么别人能学好，你就学不好？你一定有问题"的观点来评价孩子，这的确不妥当。因为用他人的优点来证明孩子的缺点，这就是要强行证明"板凳长还是扁担宽"的问题，很荒谬。要多看看自己孩子做得好的地方，并相信他通过努力也能不断自我超越。这种信任，也会带给孩子前进的动力。

第三，丢掉对孩子的完美苛求。

要求完美其实是一个毁誉参半的行为，好的一面，可以刺激人不断努力；坏的一面，则会打击人的自信心，如果那个人对失败或者不完美的承受能力还非常差，这种打击会更为严重。

孩子本身就是不完美的，所以不要因为我们对完美的苛求而毁掉孩子原本可能想进步的意愿。我们应该去欣赏孩子努力的身姿，当他尽全力做到最好的自己（依旧是纵向比）时，就要不吝表扬他的努力奋斗精神。要知道，并不是完美无缺的结局才值得称赞，若是一味地催促他向前跑，反而发现不了孩子的细节进步、点滴成长。

所以，丢掉对孩子的过高要求，反而会让他更轻松地前行，并且更有勇气去迎接挑战，甚至是主动迎难而上，他的自信心自然也会逐渐增强。

第四，正确打磨孩子的优点。

孩子有优点，这是肯定的，但这个优点也需要打磨，因为打磨好这一个优点就可以扩大到孩子很多方面。比如前面提到的，孩子在画画的时候很专心，那么就可以帮助他把专心这个好习惯扩展到日常学习中。

所以，首先要确认孩子的优点，并通过观察与思考来确定孩子的优点可以进行怎样的拓展，然后根据他的实际情况来帮助他打磨优点。

对于优点，可以适当夸大一点，比如"我发现你在做手工的时候很专注，能坐得住，这就表明你是有能力让自己定下心来的，我相信你也能在其他方面做得很好，比如看书时，只要有意识地自控一下，你照样可以坐得住，这样你读书就会有更大收获"，从而让孩子意识到自己可以在很多方面发挥这个优点。但不要过分夸大，不要让他误以为他无所不能，如果说"你真的很棒，做手工都这么专注，读书学习也完全没问题，我相信你是最棒的"，但实际上，孩子要想读书学习都能专注，是需要做出较大的努力的，不会很轻松，所以这种说法显然是夸大的，一方面孩子做不来，另一方面他也不相信，所以最终是没有什么教育效果的。

财商教育
——培养孩子的创富力，传授保富的秘诀

怎样培养孩子的财商，是爸爸需要思考的事。尤其是在现代社会，生活水平不断改善，支付方式与支付环境也在不断变化，金钱观念也随之发生改变。如果没有及时对孩子进行必要的财商教育，那么他就会对金钱没有概念，在他看来，"金钱就是数字"——对实质的金钱完全无感，他可能会以另一种"视金钱如粪土"的方式来对待金钱。

比如，当你以"我手里没钱"来拒绝孩子的某些购物或支付要求时，孩子会说"没钱就拿卡去取啊""你不是有手机吗？用手机刷啊"……在孩子看来，父母手中银行卡是万能的，钱财也是取之不尽的，只要父母有手机，想买什么就能买什么。

如果说这样的孩子是不明白钱财的来源，那么还有一部分孩子对金钱的理解又会更"进"一级，他会给金钱添加更多的附属概念，比如有的孩子喜欢用钱来追寻自尊，有的孩子喜欢用钱来构建友情，还有的孩子则把"挣大钱"当成他人生唯一的目标，并且认为"不管用什么样的方法，只要挣到钱就是对的"……

不管是哪一种孩子，都是因为没有接受财商教育，才对金钱、财富产生了错误的理解。孩子在当下需要正确认识金钱、理解消费，需要明白金钱的形式、内容、作用、价值等；在未来也需要依靠自己的能力以正当的途径来获取更多的金钱，为自己及家人改善生活，提升生活品质，并以金钱为基础为他人、社会奉献爱心……这都离不开财商教育，这种教育对他未来的幸福而言，是一门非常重要的必修课。

第一，尽早及时地向孩子传输金钱观念。

没有金钱观念的孩子会不断地向父母讨要金钱，他的欲望就像一个无底洞。与其永远填不满他这个洞，倒不如尽早且及时地告诉他金钱是什么、是怎么来的、能用来做什么，什么东西是非买不可的，什么东西是可买可不买的……如此一来，他才会明白金钱对于他的生活到底意味着什么。

作为爸爸，我们对待金钱要有正确的态度，比如有的爸爸就对孩子有求必应，花钱也大手大脚，错误的态度势必不能让孩子懂得珍惜。

人们普遍的心理都是希望能够保富，也就是能让手中的财富一直延续下去。但显然如果只是趁着有钱就随意让孩子花而不给他讲与金钱有关的道理，那么他是绝对无法回应我们想要保富与延富的期待的。

所以，我们一边要收起自己肆意放纵的态度，一边也要给孩子讲讲金钱，规范自身，道理育人，孩子总会慢慢明白金钱到底是一个怎么样的东西。

第二，正确应对孩子在金钱方面的欲求不满。

四五岁的孩子，将会处在一种欲求不满的状态，一旦得不到就会很烦躁。其实对于这种欲求不满，可以从两方面来入手：

一方面，提前打好预防针。想买什么，可以买什么，每次去了都能买什么，这些内容提前和孩子商量好，反复强调几遍，促使孩子在内心形成

"只能买一件"的认知。当然针对孩子不同的性格特点,我们也需要多一些思路,寻找最合适的劝说孩子的方法。

另一方面,在现场要冷静应对。尽管提前说了只买一件,但孩子身上充满变故,他可能依旧会哭闹要求更多。此时最好的方法就是无视,安静地等待他自己收场。比如曾经有爸爸这样对闹着要买玩具的孩子说"好吧,你若是愿意继续在这里哭闹,不想回家,那我回去给你拿被子,你今晚就睡在这里吧",结果孩子以最快的速度停止了哭闹,跟着爸爸走了。当然,答应好孩子的"买一件"也要兑现,让孩子觉得我们是可信的,他才会愿意接纳我们之前的提议。

事实上,处理孩子的欲求不满,并不只是在显示我们多有权威,而是在培养孩子能合理地应对求而不得时所带来的焦虑,学会自我控制,学会耐心等待,学会衡量当下的状态,学会自我思考。

第三,教孩子合理使用属于他的钱财。

随着对金钱的认识,孩子也会慢慢步入需要自己花钱的年龄,当他有了一定的零花钱、压岁钱时,就要教他学会合理使用这些钱财。

告诉孩子他手中的金钱是有限额的,不能说用完了就立刻来拿,在限额内鼓励孩子学会给自己的花销记账。除非是特殊情况,否则不要频繁满足他要钱的要求。对于大数额的金钱,可以带孩子学存钱,给他开一个账户,让他看到自己钱财的流向。如果他要花大数额的钱,需要了解他的需求,或者提醒他要及时告知家人他的钱都用在了什么地方。

另外也要正视自己的家境,并不是说家境不好就直接克扣掉孩子的钱财,或者省去金钱的教育。我们依然可以在衡量家庭现有情况之后,给予孩子相应的钱财,只不过要用一种理性的状态来表达当下的家境问题,不让孩子觉得"穷就是没面子",但也不让他认为"钱是唯一的生活追求"。我们可以用自己的勤劳、爱家、呵护家人,来保证孩子的善心与爱心，正所谓"穷人的孩子早当家"，这一句话的正确理解，应该是孩子能够体谅家庭，并没有因为家庭的境况而产生自卑以及其他心理问题。只有积极向上的家庭，才能让孩子以正确的态度去应对金钱，并让他学会如何更合理地去处理金钱。

第四，引导孩子自己体会赚钱的不易。

一直在金钱方面享受"拿来主义"的孩子是不会明白挣钱并不是一件容易的事情的，正因为不知道，所以他才能如此无所顾忌地随意讨要，并随意花销。对于这种情况，最好的办法就是，让孩子也感同身受。

新闻中曾经讲过这样一个事例：

9岁的男孩偷偷用奶奶的2000元买了手机游戏装备，父母知道后气得想打他一顿，但转念一想打一顿也不过是当时疼，解决不了实际问题。

于是他们认为，"要让他体验一下这个钱来之不易，就想到让他干活儿的方式，让他自己体验一下，要怎样才能把这2000元挣回来"。

接下来的时间里，只要学习时间结束，男孩就要自己去捡废品来卖，用自己的劳动一点一点把钱再赚回来。

这就是一个很有意义的教育方法，当孩子明白来之不易的道理时，他才会懂得珍惜。当然在选择让孩子自己体会赚钱方式时，我们也要注意甄选，注意保证孩子的安全。

有的爸爸觉得，在外工作对孩子来说是有风险的，在家工作就好了，于是"家务劳动挣钱"的方式、"成绩进步挣钱"的方式就成了很多爸爸的选择。但不得不说，这只是金钱交换，而非让孩子体验赚钱不易。如果孩子某天告诉你"我不想挣洗碗的钱了"，并拒绝洗碗，你又该怎么应对呢？或者他说"我的钱够花了，不想挣考试进步的钱了"，从而放弃继续努力,你又该如何?实际上,凡是应尽的责任,属于自己的本分,都不能算在挣钱方式之中,我们和孩子都要搞清楚什么是他应该做的事。

第五,对孩子善用"欲望延迟满足"。

随着人们生活水平的提升,孩子向我们索要的东西可能会越来越有价值。一部相机、一个平板电脑,几千块钱的花销对于并不挣钱的孩子来说,都属于"大头"。对于这样的欲望要求,不论我们有钱没钱,直接答应或者直接拒绝显然都不是特别合适的应答方式。

有一位爸爸是这样做的:

在面对孩子想买"4000元相机"的要求时,他告诉孩子,"我可以资助你一半的钱,但另一半需要你自己想办法。"同时还提醒孩子,"如果你找不到自己能做的工作,那我也可以把另一半钱给你,只不过这是借你的,之后每个月我都要扣除你一部分零花钱,以抵你现在欠下的债。"

后来,孩子选择在社区的超市帮忙,以勤工俭学的方式换取一部分钱,另一部分钱则按照爸爸的方式,从自己的零花钱中扣除。

如此得来的钱,孩子格外珍惜,在选择相机的时候,不再是最开始的任意选取,而是好好比对了一番,因为他手里的钱有限,他只有选择正确,才不会让钱白花。

这样的经历对孩子来说非常重要,他能体会到花钱的压力。而我们对他所使用的这种方法,就是对他的欲望进行了延迟满足,不会让他立刻得到满足,而是让他不得不去学习自我管理与思考,让他愿意等待,并能利用等待的时间让自己动起来,也就是为了最终的目标自己去努力。

第六,把创富与保富的真谛教给孩子。

财富是优秀能干的人创造出来的,而能继承、保住并继续创造财富的后代也一定具备着致富、守业的能力。换句话说,只有优秀能干的后代才能保住财富,而且从某种意义上讲,后代要比前辈更优秀,才能使家业代代相传。

一位经济学者曾这样说:"守业往往比创业更难。因为创业者大多从青少年时期就经过磨砺,这个过程锤炼了他们坚强的意志,培养了他们杰出的才能,使他们最终能够成就大业。而其后代面对的是已经富裕起来的家庭,不必经历创业的艰难,自然难以懂得财富来之不易。此时,后代如果没有接受良好的教育,就很容易败掉家业。因此,一个没有人才辈出的家庭是难以富过三代的。"看来,"富不过三代"的真正原因是没有培养出能致富、保富的人才。

所以,问题的关键不在于我们是否能为孩子留下更多财产,而是我们是否有能力培养出优秀的后代。由此可见,对于我们做父母的而言,如何赚钱变得次要了,而如何把孩子教育好才是第一等的重要任务。想想看,一个懒惰、贪图享受、不知上进的孩子有能力创造财富吗?即使家有财富,恐怕也会被好逸恶劳的他很快挥霍一空。

"富不过三代"的完整表述是:"道德传家,十代以上,耕读传家次之,诗书传家又次之,富贵传家,不过三代。"这与《大学》中的"有德此有人,有人此有土,有土此有财,有财此有用,德者本也,财者末也"不谋而合。这说明,要想让孩子长久地保有财富,对他进行德行教育才是根本。

的确如此,德行教育就是做人教育,只有落实德行教育才能打破"富不过三代"的定律。仔细观察就会发现,那些注重德行教育的富人,其财产不仅传过了三代,传到十代、几十代的都有。探究这些家族企业能够长久生存的秘密,无不是重视对后代的德行教育。可见,把如何做人教给孩子才是根本。也就是说，若想让孩子有能力致富、守业，就必须把勤劳正直、遵纪守法、艰苦奋斗、勇于奉献等优秀的品质教给他。

比如，孩子若具备了勤劳奋进的精神，不怕吃苦，不怕磨难，能经得起挫折，他就会懂得珍惜现有的一切，不会肆意挥霍财富；孩子若具备勤俭节约的品质，就不会浪费财物，会懂得有计划、合理地使用财物，让其真正发挥作用。像曾国藩的家族，之所以可以数代不衰落，而且代代都才俊涌现，关键就在于他倡导勤俭的良好家风。

除此之外，我们是否把"君子爱财，取之有道"的道理教给了孩子？是否让他明白，如果以不正当手段获取了钱财，即使再节俭，也不可能守得住？即《大学》中所说的"货悖而入者，亦悖而出"，因为保富的前提是光明正大地获取财富。

对此，国学大师南怀瑾先生也有自己的看法，他说："有了资本以后赚钱，那是一半靠聪明，一半靠运气。只有从勤劳节俭得来的，才是根基踏实。赚钱发财很难，但有了钱财以后，用钱更难。用得其时、用得其分、用得其当，并不容易。而且必须知道财富是不属于你的，是属于整个社会人类的。纵使有了财富，那也只是有一时的使用权而已。它毕竟非你之所有，只是属于你一时所支配。"是不是说出了取财、用财、财权的真谛呢？

还有，我们是否把因与果的关系告诉了孩子？就像医生给病人看病，病症是果，只有找到了与病症相对应的因，才能下准药，才能把病治好。所以，孩子面对的很多事情，可能都是表象的结果，一定要他学会寻找背后的原因。要想保有财富，其实也需要懂得因与果之间的关系。曾国藩的外孙、著名实业家聂云台先生写了一本书，名叫《保富法》。在书中，聂云台先生特别提出"散财为善"的做人道理，劝告人们应该懂得散财，懂得用财物帮助他人，以此修福、修善。聂云台认为，只有"深信因果，培福开源，懂得惜福，爱惜福报，宽大心量"，才是保福保富的最佳途径。

综上所述，我们就会明白，自己和孩子只有具备了高尚的品德，才不会使万贯家财付诸东流，才会成为富贵之人，成就富贵人生。

而要实现这样的美好人生画面，靠的又何尝不是爸爸的格局呢？